Spiritual Culture
青心文化

在阅读中疗愈·在疗愈中成长

READING & HEALING & GROWING

全新修订本

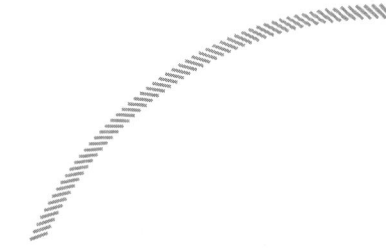

与生命和解

疗愈原生家庭的
伤与痛

卢熠翎 /著

中国青年出版社

目录

i 推荐序 张德芬
v 再版序
vii 前言

第一部分
01 原生家庭影响人的一生

第一节
02 原生家庭究竟是什么

第二节
21 "父母皆祸害"吗

第三节
40 超越原生家庭的束缚

第四节
54 了解你的家族谱系

第五节
75 在系统隐藏的序位中受苦

第六节
93 家庭系统中的平衡

第二部分
115 疗愈和父母关系的六步法

第一节
118 改变视角维度,随顺命运之河

第二节
135 重新审视历史,再次认知父母

150　第三节
　　　尊重父母原貌，回归正确序位

168　第四节
　　　全然接受父母，接受生命礼物

185　第五节
　　　交还他人责任，保持自我界限

202　第六节
　　　敬重荣耀父母，开启感恩能量

第三部分
221　原生家庭相关的专题疗愈

　　　第一节
222　原生家庭与亲密关系疗愈

　　　第二节
247　原生家庭和亲子关系

　　　第三节
271　原生家庭与金钱关系

第四部分
285　自我接纳和欣赏，做自己的内在父母

推荐序

原生家庭决定你的幸福能力

张德芬

根据我多年的观察，几乎每一个人此刻生命中面临的问题，都和原生家庭的创伤有关。

当然，每个人的体质、性格、看待事物的方式，综合起来也决定了原生家庭对我们造成什么影响、影响有多大。

一个人缺乏安全感、不善沟通、自卑缺爱、情绪化、畏惧婚姻、自我价值感低、害怕权威，这些问题的本源，都可以在童年的经历中找到相应的事件。

在心理学界、自我成长领域，关注原生家庭的专家、导师越来越多，每个人都有自己的一套方法论，他们透过对原生家庭的回看与反思，帮助人们尽早达成内心的独立。

跟大多数成长导师春风化雨、循循善诱的风格不同，卢熠翎老师像是导师中的"逍遥派"，他跟随李中莹、柏图·乌沙莫、罗伊·马丁纳等全世界知名的成长大师，学习各类身心疗愈技术，集众家之长，把心理学融入生活，探寻有力量、有深度的内在成长之道。他点评问题时往往一针见血，直戳要害。

原生家庭、情绪疗愈、断舍离，是我的公众号"张德芬空间"上最受欢迎的几门课程，卢老师也拥有了一大批忠实的粉丝。

他的经历和学习方法和我有很多类似的地方，我们同样不是心理学科班出身，同样在年纪轻轻的时候达成了世人眼中的成功，又同样在追求内心的满足与平静的过程中，走上了自我成长的道路。

卢老师的这本书中，详细地列出原生家庭的问题模式，让大家对号入座，并且能够对症"抓药"，疗愈自己的创伤，过好现在的人生。

原生家庭的创伤没有被疗愈的时候，人会出现哪些问题呢？卢老师认为，会有几种表现：

第一种是在我们童年中，觉得自己缺少父母的爱，缺少关心，缺少认同。当我们成人以后，我们仍然想要去寻找父母，想要去寻找权威的认同。

第二种表现是怨恨自己的父母。认为是父母让自己不能变得更好，怨恨父母没有正确地对待自己，慢慢就形成了一种怨恨的受害者模式，逐渐变为一个爱抱怨的人。

第三种跟前面两种刚好相反，他们觉得自己还需要父母，只能依照父母的意志去做事情，他们没有主见，缺乏力量，认为自己没有能力去做决定，只能依赖权威。

第四种表现是害怕父母失望，想为他们做各种各样的事情，期待他们能够获得幸福和快乐，期待他们的婚姻能够改变，想要为家里去承担那些债务、纠纷。

第五种是无意识地去复制，用潜意识里的忠诚去复制父母的情绪，复制他们的焦虑、愤怒、紧张、抱怨、恐惧，复制一方对另一方的恨并转移到自己的伴侣身上。有的人甚至会复制父母痛苦的命运，复制他们的疾病，复制他们的厄运……

从原生家庭对我们造成的影响到可能的解脱之道，卢老师都给出了他的答案。他不只告诉你，你的局限、创伤、痛苦来源于怎样的原生家庭，更重要的，是一个成年人如何修复童年的创伤,让自己成长进步,成为一个轻盈、快乐、没有情感包袱的自己。

最重要的是,不要当一个原生家庭的受害者。

原生家庭是伴随我们一生的课题,需要在漫长的岁月里慢慢地与自己磨合。不幸的原生家庭也许会让我们走得蜿蜒而艰难,但不妨碍殊途同归的幸福。

幸福是一种选择,更是一种能力,愿你能在卢老师的这本书中找到与创伤和解的力量,走出自己丰满的人生。

再版序
你的改变,最重要

从《与生命和解》这本书出版以来,我陆陆续续地收到了很多读者的反馈。他们很喜爱这本书;很多读者觉得爱不释手;有的则会在阅读中触动到自己的情绪,潸然泪下;很多的读者很喜欢这本书严谨的结构和深入的风格。

在一些读书会的现场,很多读者也都对如何摆脱原生家庭的束缚,如何摆脱内在的痛苦很感兴趣。很多人都会问我,卢老师,我的这个问题,我该看哪本书比较好?

我想要说的是,书是一个信息的通道,书会带给你很多的知识、方法、咨询。但是"读书"并不是目的,读书是手段。我们如果只是把书读到脑子里,那很遗憾,这些知识信息的价值比较少。

最重要的,最有价值的,是我们自己的领悟、实践、改变。

在人生的道路上,很多时候我们太习惯了追随大众的方式而生活，别人如何生活，我们也如何生活。别人相信什么，我们也相信什么。

但是忽略了：我们人生的目的，是自我内在的追寻。是让自己搞明白，如何在生命的大舞台上好好绽放。而原生家庭的疗愈，就是自我内在追寻、自我内在疗愈的一个起点。

我们的潜意识处理 99% 的信息，以至于我们的意识可以真正做主的部分很少。所谓的疗愈，不是针对病人的，是针对所有的人的：疗愈，无非就是把潜意识中隐藏的、惯性形成的、无意识形成的旧的模式改写掉、更新掉。从而让自己更加有觉知，更加灵活，更能做最好的自己。

希望，读到这本书的人，能够不光用眼睛和头脑读书，更能够打开你的心，认真地实践和练习，真正从原生家庭和童年的影响中解脱出来，获得自我内在更大的自由。

你们的每个改变，就是我写作和讲课的动力。

卢熠翎

2021 年 3 月 26 日

前言

阅读前你应该了解：

在《与生命和解》这本书中，我们主要运用到的是海林格和他的家庭系统排列的理论。海林格在总结了大量的个案后，发明了一种治疗方法，那就是家庭系统排列。他发现许多身体、心理的重大疾病，生命当中的厄运，意外的变故，情感不顺利，家庭的失和，等等，能量的不顺畅都和家庭系统有关。他不但发现了这个原理，还总结出了里面的很多重要的、系统的法则和规律。

这本书的结构，来自我自己的《21天疗愈原生家庭》网络课程，这个网络课程带给了很多人实际的蜕变和帮助。我把这个课程做了节选和补充，让它更适合成为用来阅读的书籍。

这本书会分成四大部分。

第一部分被分成六个章节来讲解原生家庭背后的秘密，并且分析原生家庭是如何影响我们一生的，家庭系统里面又有哪些隐藏的原则和序位。

第二个部分会着重来讲疗愈父母关系的六个步骤，这六个步骤会循序渐进地、仔细地教你如何修复父母关系，以及和父母连接的具体操作方法。你可以运用在自己的身上，让自己更好地修复和父母的关系。

第三部分会有一个深度的专题。包括亲密关系、亲子关系、金钱关系跟原生家庭那些更深入的连接和纠缠。

第四部分会告诉大家如何超越原生家庭，做最好的自己；如何自我接纳，自我欣赏，重新去建立自己潜意识的信念。我们将超越原生家庭的框架去和更大的力量进行连接。

本书的主要目的，就是要把这些基础的理论讲解得非常透彻，让每一个人能够按照这些理论和步骤，一点点地脱离原生家庭的束缚，最终获得疗愈。

因此，我们要用很清晰、坚实的理论，用很明确的操作步骤，才能有明显的效果。我们会在部分章节后，附上答疑与解惑内容，也会在部分章节后附上练习以便大家跟着去做。

在阅读的时候，你可以做一些笔记，并把你自己的例子或者自己的亲身经历代入。因为这本书的内容要照顾到很多不同的人，但是有可能你关心的只是当中的某一个部分，所以当你把自己的例子代入本书的内容，你会更有感悟。

最后，你要不停地实践。根据文后的练习和答疑，你可以向身边的人提问，因为在提问当中你可以去发现很多你想要的信息。

来吧，现在就开始了解你的原生家庭吧。

第一部分
原生家庭影响人的一生

第一节
原生家庭究竟是什么

原生家庭究竟是什么?原生家庭指的就是一个人从出生、童年到成年,所经历的家庭的环境。那么这个家庭的环境里面都有谁?有他的父母亲,有他的兄弟姐妹,有他的外公外婆……有的人可能并不是由亲生父母抚养长大的,所以他可能还会有养父母。

和原生家庭相对应的是现有家庭,现有家庭就是你成年以后自己组成的家庭,比如你和你的伴侣,或者你和你的孩子所组成的家庭。因此,在现有家庭里面,你和你的伴侣是作为父母的存在,但是在原生家庭里面,你就是作为你父母的孩子的存在。

之所以讨论原生家庭这个主题,是因为原生家庭对我们个人的影响是极其深远的,包括心理、事业、财富和婚姻等方面。卡尔·荣格曾经说过，原生家庭对孩子的影响越大，孩子长大之后，就越倾向于按照幼年时候的世界观来感受和观察世界。因此，在个人的心灵成长上，作为个体的第一关，其实就是重新回顾原生家庭，疗愈原生家庭的创伤。

在原生家庭的这些关系中，最最重要的一环就是和父母的关系。本书也会大篇幅地侧重于和父母关系的修复和疗愈。因此，部分章节后的练习和答疑，也会着重于围绕原生家庭的创伤疗愈和父母关系的修复来展开。

原生家庭的铁三角

正如前文所提到的，心灵成长的第一关是原生家庭。原生家庭里面最重要的就是和父母的关系。为什么这一关如此重要且无法逃避呢？

试想，人是从哪里来的？人是由父母所生并且养育长大的。因此，有一种说法是父母和孩子的关系就像一个铁三角。这个铁三角，包含父母对孩子的爱，是一种最初始、最原始的爱。当我们刚出生的时候，并没有那么多的道德判断和头脑好坏的分析，那时候我们所依赖的唯一的东西，就是父母给我们的爱和照顾。因此，对于孩子来说，这种爱是一种原爱，伴随着我们的基因而来，在孩子们出生的时候，仿佛这种爱就是天和地，它决定孩子们的生死。因此，从某个角度来讲，父母是我们生命来源的管道，也是爱的来源。

因此，无论你现在是喜欢你的父母，还是恨你的父母，从本质上来讲，对父母的依恋和渴望，是超越理性的，它是一种人类生存的本能。其次，原生家庭又是我们自己成长开始塑形的土壤。什么是塑形？就是我们的性格，我们的情绪模式，我们的行为模式，它很大程度上取决于我们从小生长的家庭环境，我们所遭遇的事情给我们带来的记忆和信念。

所以，我们人生上半场的命运基本上是由原生家庭的印记来主导的。在成长过程中，幼年的孩子没有选择权，没有分辨能力，他是被动地通过吸收外界的信息和互动来塑造他的个性的。因此，他的原生家庭就像他生长的环境一样，给他提供这些信息，这些养分，让孩子成长为那个样子。

例如，著名影星安吉丽娜·朱莉，在六个月大的时候，父母就离婚了，她的母亲很冷漠。朱丽曾说："我承认当时很受伤，但我一点都不恨我的母亲，因为这一切都是我的父亲造成的,他是天下最烂的男人。"她甚至在成年以后和父亲断绝了父女关系。

有意思的是,她虽然这么做,极力地想要排斥她和父亲的关系,但是原生家庭仍然塑造了她,让她成了她所憎恨的父亲的样子。她变成了一个不折不扣的问题少女,她自残、吸毒、性放纵。她虽然极力想要摆脱原生家庭的影响,却没有成功,包括她自己的亲密关系和婚姻。朱莉自己也曾经说过,由于小时候经历过父母亲的出轨,所以和已婚男人保持亲密关系是她没有办法原谅的事情,因为她的父亲就是这样欺骗她母亲的。

听上去,她是想去摆脱她的父亲给她造成的这些不良的影响,想要去忠诚于她的母亲,看上去她心中对第三者和破坏别人家庭的事情有一种强烈的痛恨和不接受。但是她前后的三段婚姻嫁的丈夫不是已经订婚的,就是已经结婚的。因此可以看出,哪怕是如此成功的一个明星,哪怕她如此想要去摆脱原生家庭的影子,她却仍然在重复她父亲的命运。

张先生从小就内向敏感,也没什么自尊心,把别人的需求看得非常重要，远远高于自己，很在意别人的想法，生活中也在不断地取悦别人。

例如在职场中，他始终对自己的同事言听计从，不管这位同事是不是比自己年纪小或者经验有没有自己丰富……张先生就是无法和他人做到平等相处，总是把自己放在顺从的一方。尤其当别人开口向他提出各种要求时，无论是合理的还是不合理的，无论是否是他自己愿意接受的，他都很难去拒绝别人。

终于有一天，他在一些课程学习后发现，为什么他想要取悦别人？为什么他那么不自信？其实这些性格缺陷的源头很大一部分就是来自他的原生家庭。他有一个脾气暴躁的父亲，常常因为一点小事就大发脾气。他的母亲非常懦弱，害怕争执，总是唯唯诺诺。但是因为他的父亲的这种脾气，所以他的家庭里面还是经常发生争吵。这些都是让他情绪极度敏感的原因，正因如此，他越来越封闭自己，觉得自己的力量很微弱，最好不要去得罪别人，他人对自己有要求，他就如同自己的母亲一般极力地承受。

童年为什么这么重要

我们可以看出,童年让我们形成了一种固定的行为模式和对世界的观点。因此,原生家庭对我们人生的上半场可谓重要。但是,最麻烦的不是我们的人生上半场、我们的童年被导演了,而是我们人生的下半场仍然在这个"被安排"的模式里面。例如,如果我们在一个冷漠的或者充满暴力,或者不忠诚的家庭里面成长,当我们成为父母以后,会发现历史是惊人地相似,我们的行为模式又会影响到孩子的未来。而我们这种处事模式都有双方原生家庭的影子。

小周是一个非常漂亮的、品学兼优的女孩子,身边的人都认为她凭借优秀的自身条件一定会顺利找到另一半。但是和普通女孩不同的是,她每一次恋爱都是无疾而终,好像她永远没有办法正常地和伴侣进入婚姻,后来甚至连正常的恋爱都无法做到,她找不到问题的究竟,甚至一度认为是对方的过错。

"为什么你一整天不给我打电话?"

"为什么你不能体谅一下我?"

"为什么你就没法找到一个好工作?"

……

在无数次和伴侣的争吵中,她逐渐放弃了继续保持亲密关系的热情。其实,她在童年时期,经常目睹她父母彼此之间的粗鲁暴力,除此之外,她的妈妈总是不停地抱怨、指责她的爸爸,并且让她站队,妈妈也总是告诉她男人是一种多么不令人放心的动物。她的妈妈告诉她,是爸爸毁了她的生活,而之所以不离婚,是因为想要照顾自己的女儿。所以她在很小的时候,内心就深深地种下了对男性怀疑的种子。所以当她长大后,本能地想要逃离家庭带来的伤害,但是她却无法和自己的伴侣保持长久的、正常的亲密关系,也无法迈入婚姻。

在上面小周的例子里,她童年记忆中的家庭意味着不安全,意味着相互的伤害,意味着本来应该最亲密的两个人,竟然是相互不信任和相互攻击的。对一个孩子而言,当她长大以后,甚至没有办法和她的父母相处,这种经历是极其沉重的。她的人生下半场会怎样?很简单,她想要漂泊在外,她想要保持一些松散的关系。她并不想要进入一段很紧密的关系,因为过度地亲密、过度地在一起,对她而言意味着"可能会遭到伤害",意味着"要和一个最终不可信的人在一起"。

因此,我们人生的下半场,包括我们跟成功、财富的关系,我们是否具有匮乏感,我们在婚姻当中会是怎样,我们是否有安全感,都和我们的原生家庭有关,也和我们的父母有关。

原生家庭的束缚力量是如此之强。当这些原生家庭的创伤没有被疗愈的时候,人会出现哪些问题呢?我们可以把他们分成四类来讨论,

第一类人会表现出缺乏安全感、不自信、不善于沟通、自卑而缺爱、没有归属感,同时又很渴望被照顾,却找不到这种力量,总是觉得很无力。

第二类人通过情绪来表达,他们会非常情绪化,甚至有时候会不自觉地去复制父母的情绪,哪怕很讨厌他们。也许你很憎恨你父母的某一种情绪,有可能是悲伤、恐惧、抱怨,有可能是唠叨,也有可能是暴怒,你不妨问问自己,你

的情绪是不是很像你的父母?父母对待你的方式是不是有一点像你对待别人的方式,或者你对待自己孩子的方式?

第三类人可能会畏惧婚姻,他们对婚姻的不信任也有可能是复制了父亲或母亲对异性的观点,所以,他们自己也对男性或女性有不同程度的偏见或者憎恨、厌恶。

第四类人没有办法自我表达。这类人通常自我价值感很低,所以并不能很好地表达自己。他们要么害怕权威,跟上司、领导相处困难,要么不敢去追求自己想要的生活,因为觉得不值得。也有一些人会很在意别人的看法,经常猜测别人怎么看他。

晓云是由祖父母养大的,但祖父母并没有给她良好的照顾,以及人际关系方面的教育,她在很小的时候便被远房的一个亲戚性侵了。事件发生后,她不敢告诉别人,只能在回到父母身边时,向他们寻求帮助。可是当她回到家向父母坦露自己的遭遇时,父母并没有给她想要的关爱,甚至觉得羞耻,不允许她再提及此事,同龄人也歧视她。唯一陪伴她的妹妹,在8岁的时候,因为没有人照看,在外玩耍时不幸溺水身亡。晓云再也无法在父母的怨怼和憎恨中继续生活下去了。

成年后她有过两段婚姻，都是因为她在婚内出轨而导致离婚，她仿佛在重复着某种仪式一般在重复她悲惨的婚姻，甚至开始跟已经有亲密异性的男性交往，这让她陷入一个又一个更深的漩涡……

"我觉得自己不配拥有快乐的家庭。"她说。

妹妹的意外去世让她自责，但更多的却是逃避，她一直避免在人前讨论这个问题，只要有人提起她就会非常生气。

晓云没有意识到自己一方面没有获得爱，另一方面也在内心对妹妹存有深深的负疚感，潜意识里认为，她不该比妹妹幸福。

这些都是原生家庭所留下的烙印。我们曾经以为，当我们长大了，等我们过了18岁，我们便可以自由自在地生活。但是我们真的是在自由自在地、独立地生活吗？表面上看是的，但其实并没有那么简单。如果我们仔细去看，仔细去分析，会发现很多时候，我们只是在重复过去的印记。举个例子，有些人的财富跟事业的关系总是很差，总是赚不到钱，而且潜意识里总是觉得会失败。

我记得在一次工作坊中,有位同学提到,她的先生就是这个样子,他跟她一起做生意开店,但是总觉得做这些事情会失败。这是什么呢?这是潜意识当中的一种动力,一种信念,一种埋藏很深的想法,很有可能是从原生家庭里面传承来的。有可能是他复制或者追随了家庭里面某一个成员的命运,有可能是一些负面信念被他吸收了。

还有一些人,总是会选择一些很复杂的亲密关系。他们不会选择那些很正常的,能够给他们带来健康、顺利婚姻的关系,反而会选择那些高难度的,甚至明明知道选择后并不会有好结果的关系。

被选择的那个人有可能已经在一段婚姻或者关系里面,或者并不适合给他(她)一段稳定的婚姻。这也是被原生家庭中父母的亲密关系困住的一个典型例子,这是因为,有可能你想要去拯救父母中的某一个人,也有可能是因为你憎恨他们中的某一个人。

有的人总是没有办法照顾好自己现有的家庭和孩子。因为在他的潜意识里,去拯救自己的父母,让父母过得更好才是更重要的事。因此这种人仍然处在原生家庭的纠缠和制约当中。

还有一类人觉得自己做什么事情都得不到允许，或者说是想要获得别人的认同和允许。这是因为在他的童年，在他的原生家庭当中，他的内在想被赞扬、被看见、被认同的那份渴望没有被满足。当这些渴望没有被满足的时候，这份空洞其实是没有办法被完全填补的，即使是在他长大后。所以我们会在亲密关系中、在事业中、在朋友中，在权威中，一次一次地寻求别人的认同，只是想证明："现在的我足够好了。""爸爸妈妈，我曾经没有得到过你们的认同，但是现在有人认同我了。"这些也是原生家庭所留下来的印记和创伤。

那么原生家庭为何会从这些方面影响我们呢？这是由不同"动力"驱使的。

其一，在潜意识中，孩子是忠于他的父母的，虽然孩子表面上有可能憎恨父母，但实际上，大量案例告诉我们，孩子的内在是忠诚于他们的父母的。孩子会重复一些和父母相似的命运，甚至是厄运，包括去重复他们的情绪，重复他们的疾病，重复他们婚姻的模式。

其二，在原生家庭当中，出于某些原因，我们想要替代某个人去承担一些责任。比如说有的人觉得自己更应该替代那些兄弟姐妹，成为家庭里面照顾所有人的当家的人，他要去支撑起家族的那些兴衰荣辱。

其三，想要去拯救某人，想要去改变父母的命运，想要让自己变得更好。但目的是去改变他们的厄运或者悲惨的命运。

第四，仍然处于内疚的状态，因为我们认为曾经伤害了父母，或者曾经做了一些不好的事情。但是这种内疚并无法消失。

所有的这一切，也是因为出于家庭系统里面隐藏着很多的动力，这些都是需要去清理的。如果你没有发现，没有去清理，你也没有办法逃脱你命运的重复。

为什么我们童年的经历要占如此大的比重？我们人类的潜意识为什么要去这样设计？让我们的童年像一张白纸一般，无意识地吸收所有的事情，无论是有利还是有害的，之后将其固化，然后像程序一样周而复始地重复运转。

为什么人类会有这样的设定？这种设定看上去貌似不合

理。人难道不应该是活到、长到18岁成年以后，再去确定自己的信念系统，确定你想要相信什么，确定你对自己身份的定位和评价，而不是在3岁、6岁的时候就把这些定下来吗？

我们为什么要去这样设计我们自己童年的这些信念系统？那是因为我们人类最初并不是生活在像当代都市一样的社会里。

人类的祖先在250万年前就已经存在了，他们生活在"丛林"这个社会中。在当时的丛林环境中，人们需要的是一副更加适合于生存和繁衍的信念和情绪的大脑。因此最快速度地把我们对环境、安全、威胁的认知固化，形成一种自动反应模式，是最合适的。试想一下，如果你是某种动物，那么作为动物，是不能等到18岁才去形成对外界认知的。动物出生后必须尽快掌握对于周边环境的反射，能够先天地躲避猎物的追杀。因此我们的大脑最初的设计和设定是为了让我们在丛林的生活里面生存下去。在我们的童年时期，尤其是3~6岁的时候，最主要的信念和价值观是去判断"我"和世界的关系，"我"到底是不是足够好的，"我"到底是不是被允许，"我"是否有资格，"我"是否有力量，等等。这一切基本上都已经固化成型了,这就是我们曾经在童年形成的生存策略。

因此,原生家庭、童年的经历是我们最初的体验,是我们对这个社会最原始的体验,它也塑造了我们的个性。

也许你会反驳,如果我把我和父母的连接中断,我不认他们,和他们中断关系,这些来自原生家庭的副作用不就结束了吗?

如果一个孩子对父母有恨,有否定,有不满,有疏离,想要反抗漠视,想要批评,结果是什么呢?结果是你们两个很强烈地连接在一起。因为当你想要去恨一个人,责怪一个人,抱怨、埋怨一个人的时候,在潜意识里你经常要去看他,你必须得关注他,你才能够恨他。因此,在你的内在,虽然你的意识是恨他的,但是你们两个是连接在一起的。什么是连接呢?就是你投入了、投注了很多的能量在其中。因此,你们两个必然会相互影响到彼此。有的人对父母的爱十分盲目,他们想要去承担,想要去干预父母们的命运,干预他们的婚姻,想要去拯救他们的父亲和母亲,因为父母过得是那么辛苦,其中某一方也许遭到了不公平的对待。可最终结果是什么呢？结果是你们的命运会牵扯在一起，这是一种很强的序位混乱。

曾女士十分憎恨她的母亲，因为母亲在曾女士很小的时候就有了情人，并因此导致家庭破碎。她认为这都是母亲的过错，因为母亲让她失去了原本可以拥有的完整的亲情。她自认为是恨母亲的，也厌恶母亲的所作所为，同情父亲。可是，在她成年后她自己却不停充当着情人的角色，并且有好多次的堕胎经历。

许多人没有意识到，当你憎恨某个人的时候，你其实也变成了你憎恨的那个人，这看起来很可笑，但是却重复地发生，就是因为我们不知道家庭系统中隐藏的规律。

你恨一个人，并不代表你和他没有关系。恰恰相反，很多时候你们的命运是紧密相连的。我们浸泡在家庭系统的海洋里，我们的每个毛孔都呼吸着和父母相关的信息能量。我们并不只是一个个体，而是一个系统中的成员，就像生长在家族系统大树上的一颗果实。果实想要成为自己，但当它生长的时候，它的每一个细胞都带着家族系统的烙印。

不光如此，当我们成为父母的时候，我们和伴侣以及孩子之间相处的模式，也会受到我们原生家庭的影响。因为家族系统的信息就是这么一代一代地传承，无论这个信息你喜欢与否，它都忠诚地遵循着繁衍的法则——传承。

因此，我们必须要去了解在家庭系统背后到底有哪些隐藏的秘密和法则，我们怎样才能逃离、制约、解脱这些束缚？我们怎么样才能让自己的人生变得更好？我们怎么样才能更自由？我们怎样才能真正地爱自己，爱自己的父母，并且让整个家族系统变得更好？这些都要经过科学地、详细地学习。

本节重点

1. 了解原生家庭原理、原生家庭的铁三角关系
2. 童年为什么重要
3. 原生家庭的强大连接
4. 反思你的原生家庭

来自学员的疑问与成长心得

学员A：昨天给我妈妈打电话，给她说母亲节快乐，结果她不停地给我说哥哥、嫂子和她之间的矛盾，我当时心里就很烦躁，我感觉我的内心突然没有力量了。

答：我们需要明白一点，我们可能永远没有办法改变自己的父母，我们需要做的就是在内心接纳他们现在的样子，然后做自己就可以了。因此，无论你的母亲是否抱怨，你都可以告诉自己，她就是这个样子的，不需要改变。

学员B：我一直是个听话的小女孩，我觉得在我的生命中，如果我不听话父母就会吵架，父母吵架了我就得不到爱，所以我一直让自己做得很好，小心翼翼地生活，不敢提出自己的需求。但是我问自己，我真的是一无所求吗？不是！我想要爱，父母的爱，我喜欢玩具，我喜欢漂亮的衣服，我喜欢吃好吃的东西，我喜欢无拘无束地玩，我喜欢被人欣赏，我喜欢被人需要，我其实有很多很多的喜欢。那个时候小女孩都是无能为力的，可是现在我长大了，我可以去做自己喜欢的事。

　　我看到自己出生，家人们很开心，都很喜欢我、爱我，我渐渐长大，妈妈又生下弟弟，妈妈出去工作了，我被要求带弟弟，甚至带弟弟上学，弟弟像条小尾巴似的跟着我。家人们夸我懂事，会照顾弟弟，会把好东西让给弟弟吃。但我心里其实并不喜欢这种夸赞，我也好想吃弟弟手里的雪糕。

　　答：我们的心理年龄需要跟随着生理年龄一同成长。当一个人长大了，还在苦苦地寻求别人的夸奖、认同，是因为内在的心理年龄还是一个孩子，并没有成长。成长的过程中，需要做的一件事情，就是把外界导向的认同改成内在导向的认同。这意味着，别人是否给你认同，不那么重要，你需要给自己认同、肯定和爱。也需要明白，如果有人对你不满意，那是可以的，你永远没有办法取悦所有的人。

第二节
"父母皆祸害"吗

网络上曾经红极一时的言论认为父母是祸害，认为我们之所以变成现在这样，有诸多的不如意、不快乐和限制，一切都是父母的错，是他们没有尽到做父母的责任和义务。那么，父母真的是祸害吗？

"父母皆祸害"这句话，出自英国作家霍恩比的一部小说《自杀俱乐部》。这本小说讲了一个故事，一个小姑娘在姐姐出走以后，和她神经质的母亲和时任教育部长的父亲关系很紧张。在总结她自己失败的青春的时候，女主角说"父母皆祸害"。

可以猜测，"父母皆祸害"这个概念会在网络上流行，应该是有大量的人都有相同的观点，他们认为世人是以自我为中心的，他们觉得父母给他们带来了许多伤害和控制。他们非常憎恨自己的父母，想要追求独立，追求自我。

他们把来自父母的伤害分成五种类型。

第一类是直接的肉体伤害，比如打骂、惩罚。

有的人每每回想父母打骂他的样子就会下意识地浑身发抖。"肉体责罚"是中国家长"教育"孩子常见的一种方式，甚至有一句老话说："棍棒出孝子。"这句话仿佛是在说，孩子不打不成器，打了反而是一种爱，是对孩子好。所以这是一种留传下来的古老的方式，但是也给孩子造成了伤害。

还记得之前风靡一时的"狼爸虎妈"式家长吗？其中的"狼爸"说，"打"是家庭教育当中最精彩的部分。"狼爸"

的这种"教育"方式可以很好地总结第一类伤害，也就是"通过肉体的惩罚，去传达父母的意志"。

第二类是间接的人格伤害，比如辱骂孩子、侵犯孩子隐私。

我个人认为，人格伤害的影响其实远远比肉体伤害要更加深远。有的父母会有意无意地去耻笑、侮辱、削弱孩子的力量。

童年时期的我们像海绵一样无意识地吸收接触到的一切。在潜意识里，我们没有强大的信念和强大的自我，来判断接收这些信息是否对自己有害、可不可以不接收。所以，那些在人格、精神上的伤害，很容易被我们接受并且默默积累。其中常见的抱怨父母或者怨恨父母的一类人，就是缺少来自父母的表扬和认同。

第三类是家庭状况所造成的情感伤害。

父母相互争吵，相互诋毁，婚姻破裂后一方消失，或者两方同时失踪；更有甚者抛弃孩子，或送给别人去抚养。这种对孩子的冷漠、不关注，也是造成情感伤害的罪魁祸首之一。

第四类是来自父母控制的伤害。

这也是现在许多 80、90 后们抗议的：父母的管束太多了。因为父母觉得孩子们太重要了，父母担心孩子的生活，担心孩子们的命运。于是，父母们无微不至地在各个方面去控制孩子的生活，控制他的工作、学习、婚姻、情感等各种事情，甚至在孩子结婚后也要去介入他的家庭。孩子在成长的过程中，仿佛从来没有做过自己。任何的决定都没有被同意过，都没有自己做过。由此这些怨恨的种子便埋下了。

第五类是更加严重一点的伤害，比如猥亵、精神的伤害、性别的歧视，等等。

很多孩子会抱怨父母对他们不公平，更加偏向于喜欢弟弟或喜欢姐姐等，这些都属于其他类型的伤害。

安妮很早就体会到了作为女孩在家不受重视的感觉，因为她自己就深受其害。她觉得活着很累，母亲从未想过要接纳她成为家庭的一员，母亲永远都在耳边重复：女儿早晚都是别人家的，不如不养。除此之外，母亲还逼迫她尽早结婚，仿佛一股什么力量驱使母亲将她越推越远。最终她到了婆家，她并不满意这段婚姻，老公不理解她，婆婆也处处刁难她，甚至比母亲更加强势。在娘家和婆家似乎都没有自己的位置，她的防御机制总是把她层层包裹，生怕受到下一次伤害。

这其实就是一种把自己放在受害者位置的典型案例，下文也会有详细的解释。

"加害者""受害者"和"拯救者"呈三角关系布局的模型在我们的生活中时常上演。

我们会认为，在我们的童年经历里，父母就是那个加害者。他们总是控制我们，指责我们，抱怨我们，没有给我们爱，没有给我们关心，不给我们足够的认可。他们掌控了我们的命运，我们会变成这个样子，会无能，会不自信，不能发展得更好，都是因为父母没有正确地对待我们。

我们会抱怨父母的不完美，不配做父母，不懂如何做父母。他们给了我们那么多的创伤、暴力、伤害、冷漠，不能给我们一个完美的家庭。他们做了那么多错误的，甚至是令人羞愧的事情，他们怎么有资格来做父母？他们把这些痛苦和结果都施加在了我们的身上。于是我们得出结论,父母是加害者,他们毁了我们的命运和人生。

因此,在这个模型当中,很多人倾向于认为父母就是加害者,自己理所当然地就是那个受害者。受害者的内在声音是我好可怜,我是无辜的,我是没有责任的,这都是你们的错。我没有办法做决定,我现在没有力量,这是因为你们曾经这样对待了我。你们需要为此负责任,而我不需要负责任,我是无辜的,你们需要为此而买单,等等。

因此,有的人觉得自己谈不上恋爱,找不到工作都是父母的错。因为父母当时干预了我,父母当时没有给我这个,没有给我那个,他们做了错误的事情,或者没有做我认为对的事情。而实际上,持续地抱怨原生家庭曾经发生的经历,并不能解决关键的问题,因为我们把自己放在了受害者的角色上。

小张跟女朋友分手了,分手理由很简单,因为他没钱给女朋友买礼物。父母拒绝给他钱,而他身上的钱又不够买到让女朋友满意的礼物。他带着怨怼和懊恼回家,父母顺口问了一句去了哪里，小张因为心情不好并没有回答。父母却因为小张的态度而开启了新一轮的指责。

"工作不稳定还想着谈恋爱，你能不能让我们省心？"来自父母的责骂让小张再也无法忍受，他对着父母发泄自己心中的怒火：再也不要逼迫我找女朋友，就是因为你们不让我和她在一起，我永远也找不到合适的女朋友了，这全都是你们的错！

这是一种受害者心态，但也没有那么简单。当你觉得父母是加害者，而你是受害者的时候，这个受害者很多时候会变成一个隐形的加害者。

举个例子，既然我是受害者，我必须要去维护受害者的地位，因此，我怎么可以允许自己成功呢？如果我的婚姻很好，我的情感很好，我的事业很好，我一切都很顺利，我还有什么理由去维持这个受害者的地位呢？所以在受害者的潜意识里面并不允许自己成功。

受害者是有一种清白感的，作为受害者是可以放松的，因为受害者可以把所有的责任推给对方。

当受害者熟悉了自己这个角色以后,潜意识会让他维持在受害者的优越感当中。因此他会破坏自己的成功,破坏自己的未来,这样可以让他的父母去承担过错。也就是说,受害者会变成一个隐形的加害者。因此当一个受害者变得更加失败的时候,他的潜意识里面会带着快感,他觉得这是潜意识里一种隐性的报复。而这种失败、这种报复正是让他的父母产生受害、愧疚、自责的动力。

所以,受害者并不是表面上看到的那么清白,他也是另一种形式的加害者。当这个受害者想要用这种方式去惩罚他的父母的时候,他自己的人生其实已经被毁掉了。

项立的父亲一直很懦弱,至少这是项立的看法,因为从项立懂事起,他的父亲就一直依附着奶奶,也就是父亲的母亲生活。现在我们把这种人称为"妈宝男"。

父亲不想上班,懦弱愚笨,也没什么脾气。项立的母亲却不同,强势且情绪不稳定,脾气也非常大,年幼的项立常常觉得父母生活得并不好,而身为儿子的他,虽然成人后能力很强却毫无办法,尤其是当他看到懦弱的父亲,总想能够有朝一日让父母过上好日子，来替父亲扬眉吐气一回。

　　从上面的案例我们能看出，很多时候，孩子也不一定是受害者，他也想要成为拯救者。有的孩子很想要去拯救父母，尤其是当父母发生冲突的时候，孩子很想要卷入其中，想要去维持平衡，努力让家庭完整，避免家庭破碎，不想失去父亲或母亲中的任何一个人。这样的孩子会带着拯救者的关系来到他自己的生活当中，因此，他也会找到一个新的可以拯救的人。这种拯救如何完成呢？他有可能会选择去拯救自己的一段很苦的婚姻，很辛苦的事业，一个永远不能够认同你的人。因此，当你有拯救者的情结的时候，这类故事也会在你的生活中上演。

　　所以，我们并不关心在你的童年到底是谁的错，我们关心的是我们怎么样可以不做那个命运驱使的烈士。日本作家伊坂幸太郎曾经讲过，一想到为人父母竟不用经过考核就直接上岗，就觉得真是太可怕了。试想人类繁衍到现在，哪里有一所学校培训人如何当父母呢？我们虽然知道原生家庭的影响很重要，但是我们却都没有学过如何做父母。我们认为自己的父母不称职,给了我们许多不好的回忆。父母没有经过学习,但是我们自己学习过吗?我们不也是稀里糊涂、手忙脚乱地就成了别人的父母吗?保姆尚且需要正规的培训,为人父母,居然不需要做任何的培训,这难道不是一件很讽刺的事情吗?

在韩剧《请回答 1988》里有个情节,剧中的一位女孩,在家里排行老二,经常被爸妈忽视,连过生日都要跟姐姐一起过,一个蛋糕上面插两个蜡烛。这个细节让她非常愤怒,她向父母哭诉了她内心的委屈。她的爸爸听后,立即给女儿单独买了个蛋糕,然后向她道歉。这个父亲说了一句很重要的话,他说很抱歉,爸爸也不是一生下来就是爸爸,爸爸也是第一次当爸爸,所以也请你能够体谅。

的确,第一次当父母的人,当然会出很多问题。尤其是在孩子 0~6 岁时,这段时期孩子的信念、价值观、自我的定位、自我身份的判断会逐步定型,可想而知,有多少的问题会出在原生家庭。所以不完成父母功课,不完成原生家庭功课的人,只能成为命运的牺牲品。

一位化名王萌毕业于北大的留美硕士，断绝和父母的来往6年，连续12年没有回家过年。他在媒体上发了一篇上万字的长文来控诉父母。从表面上来看，他在父母的培养下，从北大毕业，成为留美硕士，堪称人生赢家，但是王萌的内心还是怨恨父母的。

他在少年时代一直受到父母的伤害，产生了严重的心理问题。在34岁的时候，甚至找不到疗愈心理创伤的方法。他控诉自己的母亲没有完全接纳他，两三岁的时候把他打扮成女孩，让他很受伤；本应该穿短裤的集体活动，父母却擅自决定他的穿着，导致他遭到了同学的非议，但是父母却漠视他在学校受到的不公平的待遇；他被学校的同学欺负了，也得不到父母的支持；他不会剥鸡蛋，被亲朋好友取笑了多年，父母不但不帮助他，反而与他人一起奚落他。当他考上北大以后，父母到处宣扬他的成绩，这一举动让他感到很反感，等等。

他用"罄竹难书"四个字来形容这种来自父母的管控。最终，他在2012年忍无可忍，发了一封决裂书，断绝了和他们的关系。

一个34岁、有丰富知识的成年人，他的处事、沟通就一定像一个成年人吗？他真的已经活在自由的命运里面了吗？还是仍然陷入原生家庭的创伤里不能自拔？如果一个那么憎恨父母的人，当他走进婚姻，有了自己的孩子以后，他又会怎样对待自己的孩子呢？他会是跟他的父母刚好相反，还是会变得和他的父母一样？

因此，我们回头看，无论你现在表面上是多么优秀，但如果不完成原生家庭及父母的功课，命运还是如旋转的铁笼，你仍然在笼子里面奔跑。

那么，到底什么才是接受父母的功课呢？就是无条件接受他们吗？不是的。

不完成原生家庭的功课，通常会有以下几种表现：

第一种表现就是在我们的童年中，觉得自己缺少父母的爱，缺少关心，缺少认同。当我们成人以后，我们仍然想要去寻找父母，想要去寻找那个权威的认同。所以当我们成人后，我们的内在仍然处于非常弱小的孩童状态。我们渴望来自权威的爱，我们会在关系当中，在事业当中反反复复地寻找认同。这种人的内心深处总有很强烈的依赖，他们总想去找一个能够无条件爱他的人，总把自己当成孩子。但是你会发现，如果你要在关系当中反复地去寻求认同，找一个无条件爱你的人，甚至不停地去陷入不同的关系，这条路走通的可能性基本为零。因为对方也无能为力，他也没有办法不停地接受来自你的测试。因为每个人对爱的理解是不一样的，男女之爱和父母之爱也是不一样的。你会发现没有一个人能够满足你内在对爱的渴望，也没有人能填补你深深的匮乏。

第二种表现是怨恨自己的父母。他们认为是父母让自己不能变得更好。他们怨恨父母没有正确地对待自己，还有可能遭受了来自父母的暴力对待，遭受了冷漠、虐待、不公平、奚落、嘲笑、挖苦，等等。他们怨恨父母之间的行为，怨恨父母之间不够亲密，不够完美，于是慢慢就形成一种怨恨的受害者模式。他们心中的抱怨，心中的恨、冷漠和愤怒，不停地积累在身体里，走到哪里，这种抱怨都会被表现出来。它会让你逐渐变为一个爱抱怨的人。最可怕的不是你的父母怎么对待你，而是你变成一个抱怨的人，你开始失去力量。你的抱怨又会引来源源不断的可以抱怨的事情，引来更多的不公平，更多的忽视，好让你能够维持在抱怨者的角色里。因此，你会发现受委屈的人，永远会受各种各样的委屈，受各种各样的排挤，受各种各样不公平的待遇。在一段关系当中，他也会不停地抱怨伴侣。所以，如果你的模式还没有让童年的那段经历释怀，现在你仍然会去重复这个模式。

他们之中也有人会觉得自己不够好的原因是父母，所以，他们会避免跟父母接触，同时想要证明给他们看，让他们知道他们错了。很多人喜欢挑战那些高难度的事情，做最难的工作，迎接最难的挑战，去最远的地方，让生活变得更加坎坷。很多时候他只是在做一件事情，那就是想要证明给某些人看。但有意思的是，他找的那些事情偏偏都是对他们来说容易失败的，他让自己不断地失败，同时更加远离唾手可得的成功和财富。他们会刻意地把自己的人生过得艰难。因为怨恨，他们没有办法化解和疗愈童年的经历。

第三种表现跟前面几种相反，他们觉得自己还需要父母，他们只能依照父母的意志去做事情，他们不能没有父母。他们没有主见，缺乏力量，认为自己没有能力去做决定，只能依赖权威。所以他们做事需要被允许，需要等待。他们害怕权威，又渴望权威。还有些人，选择那些离经叛道的人生，看上去很独立，像是自主做了选择，其实只是换了个方向而已，他们只是想和父母的选择不一致就好，其实他们还是在命运的牢笼里。

第四种表现是害怕父母失望，想为他们做各种各样的事情，期待他们能够幸福和快乐，期待他们的婚姻能够改变，想要为家里去承担那些债务、纠纷。

杨女士为自己的父母做了很多事，从她开始挣钱起，就每月定期给父母一笔钱，后来她的日子慢慢变好了，手头也变得更宽裕，她给父母的支持也更多了。只有杨女士内心明白，驱使她的不是爱和责任，而是想从父母口中得到一句肯定和夸奖，她想要听到被父母需要的请求，她想要来自父母的认可，认可自己比弟弟更好……

有的人终其一生为父母做的所有事情，其实内心只是希望，我对你们好一点，你们就能够对我表示认同。

第五种表现是会无意识地去复制，用出于潜意识里的忠诚，去复制父母的情绪，复制他们的焦虑、愤怒、紧张、抱怨、恐惧，复制一方对一方的恨转移到自己的伴侣身上。如果你的父亲母亲相互憎恨，而你又同情且支持其中的一方的话，你去看看你的亲密关系，很有可能仍然在重复这样的故事。有的人甚至会复制父母痛苦的命运，复制他们的疾病，复制他们的厄运。

为什么我们不去复制好的，而去复制那些苦痛？其实父母也给了我们很多好的东西。但是当父母受苦的时候，如果孩子同时受苦，内在的良知会让他觉得平衡。所以，当一个人内在的动力已经被决定，命运的车轮就在这个轨道上周而复始地运作，一个人的命运也就定了。

因此，对大多数人而言，所谓的自由只是如同老鼠在笼子里奔跑，但他并不自知。当你有觉知的时候，你会发现你的命运其实是重复的，或者是刚好相反的重复。因此，父母和我们的关系并没有那么简单。父母为什么会成为现在的样子，他们也有自己的父母，并不只是我们是受害者，他们也是上一代的受害者。当我们成为父母的时候，这种重复也会出现在孩子身上。

我记得一次在我的工作坊里,现场做一个个案。案主有四五十岁。她很痛恨母亲,因为她的母亲常常控制她。当我们把她母亲的代表排列出来,再把她外婆的代表排列出来的时候,她发现她的母亲也很痛恨她自己的母亲。因为外婆也是如此控制她的母亲,看上去这三代是一模一样的循环。我问这个案主是否有孩子,她说有,已经18岁了。我问案主是否总想控制他们,她不假思索地回答我:非常控制。

所以,我们时常会觉得自己是受害者,但是如果我们不明白家族系统的原理和动力,我们就不光是受害者,而且是加害者;我们不光是加害者,甚至是家庭这些悲剧、这些动力的传承者。

因此,我们需要去超越原生家庭的束缚。

本节重点

1. 受害者的三角循环

2. 来自父母的伤害

3. 不完成原生家庭的功课的表现

来自学员的疑问与成长心得

学员A：原来我在任何模式里都是受害者，除了面对比我弱小的孩子时我会变成加害者外。我目前最烦恼的是和老公的关系，我现在有了一点启示：老公固然有他的问题，但都是和我的问题互动产生了我们的问题。如果我能看淡其他关系中产生的伤害，为什么不能原谅他呢？我的妈妈是因为爱的匮乏拼命攫取爸爸无条件的爱，反而不得。这一点我是不是追随她了？要求对方完美，无条件地爱，其实是我没有做好任何东西都没有百分之百完美的打算。

学员B：总的来说我的父母对我们兄弟三人是很慈爱的，父亲乐观爱笑，能说会唱，很小的时候我对母亲有着很强的黏着感。但是随着我一天天地长大，我就更加喜欢父亲，相反，我越发觉得母亲性格上有瑕疵，她很软弱，外在表现为脾气急躁。因为软弱，她也无法保护好自己，因此积压了很多怨气，许多过去很久的事情她一直都放在心里，折磨着自己。她恨婆婆不喜欢她，恨父亲在她生病的时候不心疼她，等等。可有意思的是，尽管我不怎么喜欢母亲，对她有不少评判，但是仔细观察，我却又遗传了她的软弱、善良和喜欢独自生气的性格，我对自己的丈夫也有诸多抱怨。我发觉我传承了母亲太多的恨，我需要把属于母亲的恨交还给她，那是属于母亲的命运，而我也要尊重父母的命运，他们就是如此，我不用复制他俩的命运，我允许自己有不一样的婚姻。

第三节
超越原生家庭的束缚

正如我在前文所说,面对原生家庭,最重要的不是去看到底哪里出了问题,到底是谁的错。原生家庭的那些故事和创伤,也并不是通过隔离、抗争,或者抱怨解决掉的。

我们要做的是真正超越原生家庭的束缚,成为自己命运的主人。

＊不是变成一个副本,无意识地去复制父母的命运;

＊不是简单地去拯救父母或替父母承担;

＊不是做一个巨婴,在父母的控制下失去自己的力量;

＊不是去埋怨和责怪父母,让自己变成一个受害者;

＊不是在现在的关系当中苦苦地追寻,去找到父母的替代品。

那么，超越原生家庭的束缚的路径都有哪些呢？

前文提到，父母与孩子是铁三角的关系。这种关系看上去有可能是不那么亲密的，甚至是破裂的，或者他们之间从来没有过连接。

其实，铁三角的关系并没有那么肤浅，更深的连结仍然存在。父母把生命传给孩子，孩子运用所接收到的这些生命当中蕴含的力量，蕴含的礼物，蕴含的爱与支持，让自己成长，活出自己的人生，然后把生命传递下去。

因此，这个当中的关键，并不是父母曾经怎样对待你，而是通过无条件地接受父母，我们可以跟我们生命的源头、我们最原始的爱，也就是一切爱的源头和基础——原爱重新连接上，让它获得动力重新流动。

父母与孩子这种铁三角般的爱的关系，表现在以下四个不同的层次：

第一，需求层。是功能的需求层，也就是我们童年对父母的期待。

在这一层，我们可能对父母多有不满，我们觉得他们曾经做错了，做得太粗鲁了，他们没有关心到我，他们给予的爱不平衡，他们忽视了我们，等等。这都是我们作为孩子在当下对情感、物质的需求。所以，铁三角关系的最外层就是需求层。

第二，家庭层。家庭层包含了我们对整个家庭属性的需求。

我们对家庭的连接、忠诚、归属，我们渴望有一个家庭，渴望有安全感，我们想要有个家庭来满足我们物质和情感的一些需求，例如动物对群体这种归属的需求。我们的需求不仅仅局限于吃饱穿暖，还希望拥有一对完美的父母，想要在家庭里面有一种亲密的、和谐的关系，这就是家庭层的需求，也就是铁三角的第二层。而第一层和第二层也是我们最常抱怨的。

第三，系统层。是出于生命本身，出于和我们家族相连的祖先以及宗族。

第四，生命的本质层。也就是这个铁三角关系的核心。这意味着，父母的核心，是传递给了我们生命，而其他的都是附加的。

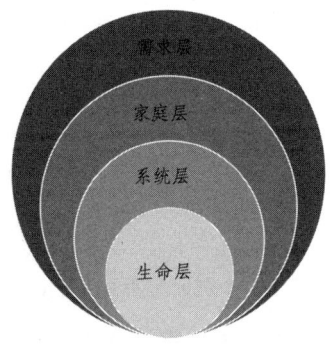

为什么父母和你是一个铁三角？父母和你最本质的关系是什么？并不是他们怎样对待你；并不是他们曾经给了你什么，没有给你什么；并不是这个人是否足够温柔，而是他们带给了你生命，这才是最本质的。

如果有一个孩子刚出生，他的父母就在地震当中丧生了，这个孩子长大以后会怨恨他的父母吗？我相信大多数人给我的回答都是"不会"。你会发现从生命的本质来看，我们其实并没有期待我们的父母做更多。哪怕父母没有做任何事情，我们仍然可以去接受他们，仍然会去思念他们，感谢他们。

但是，当他们在我们身边的时候，我们不仅想要去满足生命层的本质的需求，不仅是想要去满足我们跟家族的连接，在家族里面的位置，我们甚至还有很多表象的需求。当这些表象的需求没有被满足，我们就很容易去忽视那些更深的连接。

因此，我们在这四个层面上都和我们的父母连接着。

在表面上面，孩子对父母爱也很多，恨也很多，满意有很多，不满意也有很多。但是我们其实是表里不一的孩子，每个人在内心最深处，对父母还是有永恒的渴望，对归属于这个系统有内在的、永恒的渴望。因为这是一种很深的属性，很深的连接，不以你的意识为转移。有很多的个案表面上看各不相同，其实内在都是一种很深的和父母的连接。比如：

第一类人，愿意去追随、忠诚于他的父亲母亲。无论他们喜不喜欢，最终他们的命运却和父母相似。

张先生的母亲在他3岁时得了抑郁症，在母亲患病期间，弟弟出生了。可是他的弟弟在18岁时也患上了抑郁症……张先生不知道该如何面对这个看似完整其实并不正常的家庭,他无法埋怨母亲,也无法憎恨母亲生下的亲弟弟,因为他俩完全无法倾听他的烦闷,甚至连生活都无法自理。张先生长期处在忧郁之中,无法正常地进行人际交往。其实张先生也在逐步重复自己母亲的人生,他只是关注到了自己的弟弟和母亲,没有意识到自己的问题而已。

第二类人,总想要去证明,企图让自己的父母发现,让他们醒悟。尤其是想让自己的父母发现当年错误地对待了自己,不公平地对待了自己,或者想要在父母面前证明他们没有正确地评价和认同自己。

第三类人,仍然在苦苦地寻找,因为他很失望,想要找到一个替代品,来实现完美的父母。他很有可能把这个需求投射到自己的伴侣或者上级的身上。

第四类人,觉得绝望、愤怒,想要去隐藏自己的脆弱,但是内在的那份不甘心还仍然存在着。因此,在生活中最容易展现出的情绪是反抗、逆反、愤世嫉俗。

无论是这四种情况中的哪一种,他的内在最终还是渴望这个铁三角能够得到完整。因为这是由我们的本能、基因决定的,是家庭系统的力量在召唤我们。

无论发生了什么,我们的内心仍然渴望着和解,渴望家庭会完美,渴望父母最终能够接纳我们,无论我们在童年时期得到了什么,缺失了什么,哪怕没有得到过任何的照顾,这种渴望依旧不会消散。

孩子会渴望他的父母。因此,无论我们是否愿意,在生命被创造的那一刻,父母和孩子的连接就已经存在了。即使我们和父母在空间上分离,没有接触,甚至从来没有见过,这个连接的动力,仍然在生命中发生作用。因此,它是超越意识的,我们没有办法在意识的层面对这个连接产生影响。有许多案例和研究表明,很多被领养的孩子,其实并不知道养父养母不是他的亲生父母,但是他总是会出现各种各样的状况,控制不住地、下意识地去追随、跟随自己的亲生父母。

想象一下,小小的你刚出生在一个有着暴力关系的家庭里一个月不到,你的父母并不是完美的父母。但是当你像孩子一样闭上眼睛去感觉,作为孩子的你并没有道德的判断,也没有成年人那么发达的逻辑思维能力，你不会觉得需要更换父母，你需要的只是这对父母的关爱，无论他们在道德上是不是十恶不赦的坏人。你的身上融合着他们两个人的血脉，你是他们两个人的结合体。

如果这个时候他们要将你扔下，如果这个还是婴儿的你会言语的话，你会怎么说呢？想象一下，我相信你仍然会极度地渴求他们，会渴求地跟他们说，把我带上吧，不要把我扔下，我是你们的孩子啊！我并不关心你们在道德上是怎样的人，我并不关心你们的行为，你们是我的父亲和母亲，这已经足够了。所以无论你们是怎样的人，我都愿意去追随你们。

当一个人面对自己父母的时候，无论他年纪多大，他都会变成那个孩子。只能说我们经过了许多后天的教育，我们的头脑里就多了许多有关道德的评判、取舍、批评。因此，我们把最原始、最忠诚的连接掩盖了。怎样才叫接受父母、和父母连接呢？当我们怨恨父母想要和父母分离的时候，我们仍然和他们紧紧地连接着，我们用我们自己的痛苦和不幸与父母连接着。

当我们说爸爸、妈妈，我真的不想和你们一样的时候，你们彼此仍然紧紧连接着。当你起心动念不想和他们一样时，你不得不在你的潜意识里去看见他，这样才能与他们产生抗拒、冲突、对抗。你们仍然用一种对抗的能量紧紧地连接着。

哪怕父母已经过世了，孩子和父母仍然紧紧连接着；哪怕你出生的时候不知道父母是谁，哪怕你和父母说你们要断绝母子关系、父子关系，你们仍然是紧紧连接着的。

在和一位学员的聊天过程中，我了解到她的母亲有着严重的精神疾病，在她的记忆中，母亲总在和父亲吵架，这种怨怼也波及到了年幼的她，母亲动辄连她一起打骂。在学校里受了欺负，她也无法得到母亲的安慰，迎接她的永远是母亲的埋怨。母亲总觉得自己想要的东西没有得到，某种重要的需求没被满足，这让她对外面的世界充满恐惧。这位学员自己既无法从这样的家庭中逃离，也不想去面对。

每一种想要脱离的冲动跟行为，并没有办法让你们分离，你们仍然紧紧地连接着。有可能是通过痛苦、不幸、命运的重复和简单的抗争进行连接。因此，抗拒本身就是一种强烈的能量的迁移，你会发现你慢慢变成了你最憎恨的人的样子。如果你很抗拒你的父母，你会发现你的情绪、你的语气、你那些行为模式有可能会和他们一样。命运其实不关心你到底憎恨谁，不关心你是否抗拒谁。因为你身上男性和女性的能量是来自于你的父亲母亲的，你潜意识里面所吸收的这些行为和情绪模式是来自于你的父母的，所以关键并不在于你是否喜欢或者接纳他们，而在于你如何才能真正地摆脱这些影响。

小龙从小就被"严格"管教，据他自己所说，这种严格超出了一般父母的管束范围。在别的孩子都在外面玩耍的年纪，母亲会把他锁在家里禁止他出门，他的交友能力被大大限制，以至于现在根本没法进行正常的社会活动；父亲每天在家也是浑浑噩噩，从不工作，还十分好赌，这一切都让他感觉羞耻，不敢对别人说出他的家庭情况，渐渐失去了人际交往的能力。

其实，最简单的解决原生家庭束缚的方法，就是接受父母，接受自己的命运，接受生命的礼物。

什么是真正的接受？

接受，其实是心灵成长的第一课。

接受就是把那些我们曾经讲到的无意识的、恨的、纠缠的、重复的、不得不接受的这些连接，变成一些有意识、有觉察的连接。

真正的接受就是把这种混乱的秩序变成一种有序，一种符合家庭系统规则的秩序。接受就是把那种我们对父母盲目的爱，盲目的恨，变成一种成人的、尊重的爱。

接受就是让我们把自己对命运的这些破坏、重复、追随、替代，变成有建设性的、独立的、自由的、有益的。

接受就是我们内在的认同，我们内在的感激，是我们在完结内在所有对过去、对父母、对童年的不满。我们为什么要去完结它？因为那些已经发生了，我们抱持的能量毫无用处，我们要去清理掉所有未完结的不满。然后我们从我们自己的生命当中，从跟父母的连接当中去获得祝福，去收取生命的礼物，对自己的人生负责。在父母给我们的生命里面，已经包含了我们所需要的赖以建造自己成功和快乐人生的一切力量。

但是当我们拘泥于"铁三角"最外的两层需求层、家庭层的时候，我们会忘掉核心，它是最重要的礼物，因为我们会让自己停留在那个受害者的角色。如果你觉得你是以上四类人中的某一种，说明你还不是一个"成年人"，你还没有和父母建立起连接。

表面上看，这种潜在的、明显的连接是可以切断的。但其实内在的生命连接，怎么能够切断呢？这只是一种逃避而已，也不是一种成年人的和父母的关系。

接受父母并不是和孝道上所说的完全一样，要言听计从；不接受父母也并不是简单地表现为反抗或者逆反，更不是要去断绝与父母的关系和来往。

第一，要去看见。看见他们是父母，你是孩子，要知道自己的位置。

第二，要去承认。承认他们是父母，他们有做父母的资格。

承认他们是他们，你是你；承认他们是大的，你是小的；承认他们的婚姻，尊重他们的婚姻；承认他们现在的样子。所以你要用一种成年人的眼光去看待他们，承认他们给你的已经足够了。

接受父母，意味着父母给我的已经足够了，不论我还需要什么，我都会照顾自己。所以接受父母会带来一种神奇的效果，那就是孩子和父母的分离。

所以接受父母并不意味着你还需要苦苦地去哀求他们，当你真正接受了他们产生的影响，就是我们变成成人的开始，我们便开始和父母分离，这恰好是接受父母产生的一个神奇的效果。

本节重点

1. 什么是真正超越原生家庭的束缚
2. 爱的四个不同层次
3. 什么是真正的接受

来自学员的疑问与成长心得

学员A：我的性格中有和父亲相同一面，易发怒、急躁，也有和母亲同样的不善于表达自己、喜欢宅在家里、恐惧、自卑；和父母有着同样的赚钱很难的信念，在处理问题上都是采取逃避的模式。

学员B：过去的我和父亲有相同的情绪模式。比如遇到烦恼的事或者令人有挫折感的事，就怒火中烧，总是独自生气，不知道求助别人想办法解决问题，也没有信心解决问题，总是牢骚满腹。父亲总是冲我们发怒，让我惊恐不已。虽然他从来不会打我们，并在三十年前已经离开我们。在性格方面我也有像父亲的一面，既能享受一个人时的寂寞孤独，也能享受一个人静下来追求学习成长。

答：我们每个人的身上都会留下父母的印记，有的时候我们的情绪、行为模式、信念会很像他们，这是一种无意识的习得。我们可以运用后面章节的接受父母的办法把这些印记做交还和清理。

第四节
了解你的家族谱系

不知道你是否曾经去了解过你自己的原生家庭的家族成员和历史。谈到原生家庭的时候，我们第一步会跨越过父母的原生家庭。我们要看一看和我们在血缘、能量上连接的人有多少？所以我们需要去找到我们自己的家庭系统的成员。为什么需要把这些人去梳理出来呢？因为有很多跟我们有血缘关系的，或者是跟我们有亲密关系的人，都属于我们的家庭系统。但是出于某些原因，我们很容易忽视了这些人。

海林格在家庭系统当中发现了几条隐蔽的法则，第一条法则就是归属原则。只要是属于家庭系统的一分子，或者属于家庭系统的一员，它都有归属于系统的权利。同时呢，系统有它自己的法则，有它自己的良知。所以系统要求包容和接纳所有的成员，它不允许任何成员被排除在外。因此，如果有一些成员被家族里的人遗忘了或者排斥了，那么系统可能造成后来的人，或者某一个家庭成员来代表被遗忘的、被排斥的这个人的位置。因此，很有可能去当代表的这个人，会重复被排除者的命运。

这个人所付出的代价往往体现在一些莫名的情绪、行为和疾病上。比如说在家庭里面被堕胎的孩子，在你之前的伴侣，或者是家庭里面的某一些人。他可能在家族里面做了一些并不是很好的事情，所以家庭里面的人不想再提起他，想让他成为一个秘密，或者把他排除出家庭的位置和序位。因此，当我们在意识中，在能量中，觉得这个人不再属于我们的时候，那么就意味着我们把他排除出了系统。因此，归属的原则是极其重要的，同时也是常常被人忽略的。

我们可能会因为某个家人发生意外，或者因为一些情况不在了，而无意识地把他遗忘或者排除。所以要解开原生家庭的束缚，归属原则是最重要的。

陈女士是我曾经遇到的一个个案。她是一个很成功的销售人员，进入职场后，事业十分顺利。但某一天却突然遇到了她认为的"人生的瓶颈",她无法开展工作,也无法专心投入工作中,脑子里总是充满了负面和可怕的想法,这让她对事业和未来充满了沮丧。

我尝试着问她的家庭背景,在她的讲述中,我注意到她说到了一位远房的表妹,小时候她俩经常一起玩儿,陈女士十分喜欢这个表妹。表妹其实在从事一些并不体面的工作,并且也因为十分悲惨的原因已经离开了这个世界。

我们可以看到,在陈女士的家族里面,这位"表妹"是一个禁忌。因为她做了很多对家族来讲很可耻的事情。

因此,在这个系统里面有一个人被排斥了,而陈女士其实就是代替了这个人的位置。系统并不允许任何的成员被遗忘、被排斥,因为"遗忘"就代表在家族的能量中形成了一个空缺。那么如何来满足这个空缺呢?最简单的方法就是一个人既站在自己的位置上做自己,同时又代表了另外一个被遗忘的、被排斥的人,这就是系统的法则。

因此,当我们在系统里面排斥了一个人的时候,那些追随者往往会体会到很多他自己都觉得有些意想不到的情绪，而当他去分析这些情绪的时候，会发现他的人生怎么那么奇怪，就像在重复某些人的命运一样。这些都有可能使你在家族系统里面，因为缺少了一些人，而成为那个人的代表。我们的家族就像一个小宇宙，如同太阳系是一个大宇宙一样，每个星系其实在宇宙当中都有它的位置，当一个星系、一个星球被排除了，就会形成一个黑洞。当你把太阳系里面的某一颗行星拿掉的时候，其他的行星肯定会有变化。

同样的道理，在家族系统里的所有的人都应该有他的位置，无论他是好的人、坏的人、有道德的人、罪恶的人，还是没有幸存下来的、侥幸活下来的人，都有他自己的位置。如果他的位置被排除了，系统也会产生一个能量的缺口。因此，家里的其他成员就会因为这个能量的缺口被吸引，去填补并取代这个被排除者的位置，并且在无意识当中去认同、重复这个被排除者的命运或生命模式。海林格将这种现象称为"纠缠"或者"纠葛"。

例如，在一段婚姻里面，伴侣中的一方排斥另一方。我们在个案当中发现，有的母亲会和女儿说，你永远不许叫这个人爸爸，因为他抛弃我们，做了很多坏事情，所以你不能管这个人叫爸爸，你要跟我一起恨他。他们在新的系统里面排除了一个人，随之而来最有可能的情况就是女儿或者是儿子，会想要表现得和父亲一样，站在父亲的系统排列空位中。所以如果父亲是一个酗酒的人，是一个有暴力倾向的人，他的女儿或儿子很有可能会追随父亲，来填补能量空缺，也会出现同样的现象和症状。那么系统的归属的法则是由谁来定的呢？其实并没有人，也不存在一个系统家族的审判者。这个原则是海林格从大量的个案当中观察到的。

在我的个案中，案主小依告诉我她父母的婚姻关系相当糟糕，吵架、打架简直是家常便饭。父亲多次出轨，屡教不改，经常不在家；母亲因为得不到心理上的满足，也时常打骂她，经常因为一些小事苛责她。母亲会在她的面前埋怨父亲，说他不配做一个父亲，还会告诉她父亲出轨的细节，这都让她感到害怕。在她20岁的时候，父亲将她母亲打成了重伤。

后来，母亲虽然跟父亲分居了，可依然时常在这位案主的耳边唠叨父亲的不是,也非常排斥案主去找父亲。小依想与母亲坐下来好好聊聊,但都以失败而告终。最后她只能屈服于她的母亲,不再和父亲联系,父母从分居后也再未见面。

这些家庭琐事最终令她陷入了抑郁。后来,她结婚了,可是她发现自己的伴侣和父亲非常相像,都是大男子主义,并且有暴力倾向。她的伴侣也时常打压她,无尽地索取后就是无休止的冷战,她觉得自己无法拯救她的婚姻,也无法从家庭脱离。她似乎要屈服于这段婚姻中。

我可以理解为,相对于个体,我们是独立的。当我们个体组成一个系统的时候,这个系统就像一个新的个体。系统也有系统的生命和意识。举个例子,我们人其实是一个由细胞组成的系统,每个细胞都有各自的意识。当细胞组成了我们以后,那么我们这个人对细胞而言,就是一个大的系统。这个系统对外界的系统而言,还有它的系统意识和系统能量,因此,当我们很多人组成一个系统,有可能是组成一个家族,组成一支军队,组成一个公司,组成一种宗教,组成一个部落，组成一个国家时，那么这个部落、这个文明、这个国家相对于其他的大系统而言，就会有系统意识。因此，每个系统都有它系统的生命，有它系统的意识，有它系统的法则。

那么，哪些人属于我们的家族系统呢？在这一个大分类下，有四种和我们拥有不同层次关系的人都需要进入我们的系统：

第一，我们直系的下一代，也就是我们的孩子。

注意，这里指的孩子是有血缘关系的，包括了我们生下来的孩子、夭折的孩子、堕胎的孩子、流产的孩子和没能幸存下来的孩子，他们都属于我们的系统。

早年间，出于某些原因，许多母亲不得不堕胎，这些孩子同样属于我们的家族系统。属于我们家族系统的人，就必须给他们位置，给他们认同、看见和尊重，很多时候我们会忽视这一点。

第二，我们的平辈。

也就是我们的兄弟姐妹，也包括了那些没能够幸存下来的、堕胎的、流产的兄弟姐妹，有些可能被送养了，被卖掉了或者是私生的这些兄弟姐妹,也都属于我们的系统。

第三,我们的父母长辈。

我们的父母、父母的兄弟姐妹等,叔叔伯伯,姑姑舅舅,都属于我们自己的家族系统。

第四,我们的祖辈。

包括我们的外公外婆、爷爷奶奶,等等。当然,外公外婆、爷爷奶奶的兄弟姐妹,我们通常不把他们纳入自己的家族系统。因为这些人影响我们的命运的个案比较少见。然后再往上的直系亲属,也就是爷爷奶奶、外公外婆他们的父母这一代,然后再往上一代一代的父母……也就是和你有血缘关系的这些人基本上都是属于你的家族系统。你可以仔细分析、看一看这些和你有血缘关系的人,是不是有着某些特殊的命运,甚至身背很多沉重的故事?是不是有些人在家族里面被人遗忘或者禁止提起?

某女,母亲在她两岁时过世,但是一家人却一直隐瞒这个消息到她长大。后来,她有了继母,她一直对继母充满抗拒,她看不惯继母的处事方式,认为这个人代替了亲生母亲的存在,她才是隐藏了亲生母亲存在的罪魁祸首。可是通过学习家庭排列,她意识到,虽然母亲早早离开了她,但她依然是被母亲深深地爱过的,她突然开始犹豫,是不是应该原谅继母。她开始困惑问题到底出现在自己的原生家庭还是这个继母身上了。

其实,根据这个案例我们可以看出,这些人都属于你的家族系统,你需要把他们画在你的家族谱系图上。

第二个大分类中的人,他们虽然跟你没有血缘关系,但是跟你有亲密关系。

也就是你所有的有性关系的伴侣,包括你之前的男朋友或女朋友、前妻或前夫,这些都属于和你有亲密关系的人。

那么,到底哪些人属于你的家族系统?简而言之,就是与你有血缘关系的,有性连接的人。因为家族系统是用最原始的方式来传承的,它通过生命、血缘、性来传承。

前文提到过,第一大类是和你有血缘的人,你的兄弟姐妹,你的父母、祖父母等曾祖辈这些都是。第二大类是跟你有亲密关系的人。

那么，第三大类，就是你对他有一些重大的亏欠的人，也有可能是不小心发生一些意外，因为你被夺走了生命的人。这些人也会属于你的系统，因为这属于生死纠葛。也就是说，关于血缘的、性的、重大亏欠的、生死的，这些都会进入你的系统。

总结一下，哪些人会在你的家庭系统排列中？因为某些原因和你的命运紧密地联系、捆绑在一起的那些人。在这些人里面，我们要特别去留意那些你容易忽视的人，包括命运比较坎坷的人、受到了不公正待遇的人、放弃了或者被迫放弃了自己权利的人。但是归属的法则告诉我们，每一个成员，都有同样的归属的权利。因此，这条家庭系统的原则是非常非常重要的。

也正是因为如此，我们要去了解家族当中的一些重大的事件，从一些意外到重大的疾病或者精神方面的问题。父母婚前的伴侣情况如何？他们是单亲的、离异的还是再婚的？等等。家庭里面的每一个人，都有同等的权利来到这个家族，归属于这个家族。每个人都必须被接纳，受到同等的尊重，归属权不会因为一个人做的事情的好坏而发生变化。

也就是说,无论罪人还是圣人,在这个系统当中是有同等的归属权的,这是非常重要的一点。因为系统不会对人做这样的判断。当用系统的视角去看一头大象和一只蚂蚁,并不会因为个头的差异而产生优劣的分别,并不会觉得大象有可能更加优越,蚂蚁的存在就低等。

所以我们必须要明白,家族当中的每一个人,无论他有没有机会来到这个世界上,或者他有没有做那些好的事情,他都是我们的家族成员,他在我们的归属权上面同等重要。因此,我们需要去绘制我们自己的家族谱系图。家族谱系图的作用,我们会在后文专门讲到。

如何绘制家族谱系图

首先,我们模仿树的结构,辈分高的在上面,辈分低的在下面。处于平行的位置父母和孩子可以用线上下连接在一起,兄弟姐妹辈分一样。男性用方块,女性用圆圈。当然这只是为了方便你自己去看。然后可以把一些重要的事情标注在上面。你被父母责骂了,挨打了,被同学取笑了,这些都不是重要的事情。对家族、对命运而言，最重要的事情无非就是生死，例如一些重大的异常、亏欠或者重病，甚至更特殊一些的事情，包括领养、抱养、异常的死亡、流产、堕胎、结婚、离婚，等等。对命运来说这些都是事实，而且是一些最重要的事实，涉及婚姻与生存的权利。因此，我们可以把这些重要的事件标在这个人物下面。

一般情况下，这幅家庭谱系图我们就画四代：

第一代，你自己，你的兄弟姐妹，你的伴侣，这些是属于同一代的。但是不要忘记了，你的前度伴侣也要画在上面。

第二代，你的孩子，不要忘记你没能生下来，或没能幸存的孩子。

第三代，父母、父母的伴侣、父母的前度伴侣、父母的兄弟姐妹。

第四代，父母的父母，也就是外公外婆、爷爷奶奶。

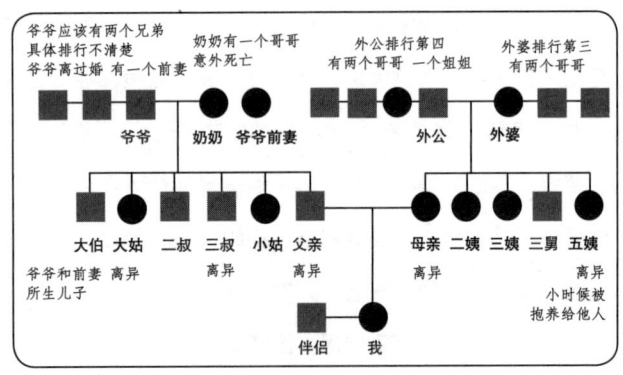

绘制家族谱系图

上图的方块代表男性，圆形代表女性。

家族谱系图并不需要画得多么详细，而是要把相应的人都找到，方便你去纵览全局。当你去梳理家族谱系图的时候，你会很清楚地发现哪些人的命运是比较波折的，哪些人是容易被忽视的。

因此，我们需要放大视野，把我们的视野从原生家庭、从父母，扩大到家族，扩大到谱系。用回溯的观点去看一看，家族当中的命运是如何一代一代地传承下来的。否则你没有办法去理解你的父母，你总以为他们生而就应该做完美的父母，就应该用你想的方式对待你。后面我们会继续讨论，如何利用家族谱系图，重新达成跟父母的和解。

如何使用家族谱系图

第一种用法，我们可以审视一下，哪些人在这个家族里面被忽略了，或者最容易被忽略、被排斥。也许是我们的前度伴侣，也许是某个没能幸存下来的孩子，也许是我们的兄弟姐妹，也许是父母或者父母的前度伴侣，或者是外公外婆、爷爷奶奶。当我们看见这些人的时候，我们可以在自己的心里给他们一个位置，告诉他们：现在我看见你了，现在我看见你在我们的家庭里有这个位置。通过这个简单的方式，我们把一些被遗忘的、被排斥的人在心里重新带回这个系统，重新给予他们认同。

这个例子来源于网上的一个故事。有个小男孩原本是一个有着众多孩子的家庭中众星捧月般的存在，可是一次车祸中，他丧生了，父亲害怕家中其他的孩子知道这件事，便藏起了小男孩的所有东西，烧掉了照片，丢掉了玩具……就是为了向其他孩子隐瞒他们还有这样一个哥哥，可是隐瞒的代价是什么？代价是后来出生的孩子们居然也会遭受同种原因的威胁，其他孩子也会经常发生意外，有的居然也和车祸相关。

当我们不愿意在我们的内在认同这个世界，或者想要掩盖世界，想让它成为一个秘密的时候，那么这个角色就在我们的心里被排斥了。一个系统就像一个个体一样，它有它的系统意识、集体意识。系统的良知想要去调整它的内在，去认同于每一个人，让每一个人都能够有他各自的位置。因此，必然会有人去站在那个被排斥掉的人的能量上面。最简单的处理方法是什么？在你的内在重新看见这个被排斥的人，在心里面认同他的位置，认同他在系统当中的角色。当我们在我们的心里能够重新去认同这个人，认同他的位置的时候，他便被带回到这个系统来。系统的缺口被弥补了，再不需要其他的人去追随他的命运了。

第二种用法，就是在我们内心给某个人尊重和解。有些人可能有着比较坎坷的命运，那么我们如何做才对我们的家族谱系最好？我们可以想象看见他们，给予他们祝福，表示认同他们的位置，尊重他们的命运。

还有一个经常被忽视的，就是我提到的前度伴侣，我们需要在内在结束这段关系。想象你看见了你的前度伴侣，告诉他，你是我的前伴侣，我们曾经在一起，这段关系现在已经结束了，但是作为我的前伴侣，我的心里有你应有的位置，但现在这段关系已经结束了，我祝福你，也请你能够祝福我。通过这个方法，你在内在给予对方应有的位置，但这并不意味着你需要去继续这段关系，只是尊重这个事件曾经发生过，尊重你们曾经有过，尊重他在关系当中的位置。

功课　绘制你的家庭谱系图

本节的功课是绘制你的家庭谱系图，你可以参考第66页的图例，去画出自己的四代家族谱系图。

1. 按照树形图的结构，一般画四代人

2. 男人用方块，女人用圆形

3. 标注重要的事件（生死、意外、异常命运）

4. 按照一代代的生育顺序排列，长辈在上一级，平辈在同一级，晚辈在下一级，同级中，长者在左边

5. 在你的家人、长辈们的协助下，收集并完善信息，尽可能地不要遗漏家庭成员

6. 如果你愿意，也可以多绘制几代

关于家族谱系图的其他用法，我们会在后面几节讲到，请你在看完这一节后，画出你自己的家族谱系图。

本节重点

1. 家庭系统中的归属法则

2. 哪些人属于我们的家族系统

3. 如何绘制和使用家族谱系图

来自学员的疑问与成长心得

学员 A：我幼年时父母离异，在父亲去世后，和父亲那边的亲戚基本断了联系，大姑姑偶尔会告诉我一点有关父亲家族的信息。母亲很少谈论有关她的家族的事情，只是听她说过外婆家里穷，母亲从小被送到庙里，我还有个舅舅，但是从母亲到了庙里以后就断了联系。

所以我的家庭谱系只能追溯到外婆这一代，即追溯到我

往上的第三代,第四代就无法追溯了。请问这样的话要怎么办呢?

答:画不出来的话,就只能放着了,一般来说,三代以内的家庭成员的信息更为重要。三代以上的成员,相较而言对现在的人影响要小。

学员B:今天画了谱系图,最大的感受就是了解到父辈的不容易。我们家的谱系关系复杂,据说爸爸小时候差点被送人,知道奶奶生活的不容易。从小到大听爸妈说过太多关于奶奶的是是非非,大概他们很难理解她的强势吧。我在仰望生命之河的同时,不禁升起对奶奶的感恩,今年春节打算接奶奶回家住几天,好好聊聊我家历史,跳出局限,站在大局上看,也许会有新发现,以后还要多回家走动,跟母系家族亲情连接起来。

学员C:画完以后突然觉得自己背后有很多资源,只是自己还不会运用,活在小我太久,关闭心门,总觉得孤独,怕人家看不起。我会告诉自己，走出来吧，外面很安全，坦诚相待，一定会收获满满。看完老公的家族谱系图后，我也突然能够理解他为什么总是能量满满。

学员D：看到父母的家族排列后，眼泪根本止不住。过去我一直抱怨他们不够好，给我的太少，现在忽然发现他们已经尽自己所能给了我所有。

学员E：我之前极度地厌恶我的妈妈，我从小和我妈脾气不合，被我妈辱骂羞辱到大，直到现在我结婚了，她偶尔还是会骂我。我经常会想，妈妈带给我那么多的伤害，我能长这么大真是万幸。现在我们生活在不同城市，看到她打过来的电话我的心里仍会排斥，不愿接听。在这两天的学习画家族谱系图时，我问大舅有关我们家族的情况，才了解了妈妈这一生的坎坷经历。

妈妈的经历一直是我们家族的秘密。妈妈因为家暴，结束了第一段婚姻，家里人为此曾发生过激烈冲突，听说当时为了离婚，妈妈还打掉了肚子里的孩子。她曾相亲多次，一直没遇见合适的人。就在我知道妈妈过去的这一刹那，我突然间理解了我妈对我的愤怒和辱骂是为什么，因为她的心里有那么多的痛苦，是她这一辈子无法找人去诉说的，她对我的辱骂包含了她对自己人生不容易的痛恨，那种骂不单单是指向我的。我也突然明白了她为什么会有那么多让人难以接受的思想和观念了，她太恐惧了，过去的创伤和阴影让她恐惧地过着这一生，可是没有人会理解她。父母身上的不完美也是一种残缺的美，他们的过去造就了他们的一生，只要我们愿意去了解，我相信肯定会有收获。

学员F：我母亲总担心不好的事情会发生。我们的行为举止只要不符合她的期待，她便会打骂指责我们。我曾经一度对她又爱又恨，后来我才知道这样教育孩子会给孩子留下很多创伤。我很期待母亲认识到自己的错误，为她的行为向我们道歉。可母亲至今依然认为：我们之所以考上大学，有工作，完全得益于她的严厉管教。

有一段时间，我有意识地疏远她。后来才明白：母亲也是受到原生家庭的制约，才变成了一个对外界充满恐惧、敏感多疑的人。她的负面信念、情绪模式、行为模式让她只能这样去生活，去教育孩子。

答：你的父母的身上也有他们自己的时代、童年、原生家庭的烙印。每个人成为现在的样子，其实都有自己的原因。当你明白了眼前这个人，也是那么不自由和无奈，你内在的评判会开始松动并接受她。

第五节
在系统隐藏的序位中受苦

前一节提到了,系统的第一个法则是归属,归属意味着系统当中的任何一个成员,无论他是否在世,无论他曾经有过怎样的经历,都拥有均等的归属权,在这个系统当中都有他的位置,都需要被认同和看见。

本节的内容介绍的就是系统的第二个法则——序位。虽然我们在上一节讲过,每个人有同等的归属权,但那指的是归属权。

序位法则表明这些人也有优先等级,秩序的存在是由时间决定的,它的层级也是由时间决定的,时间决定这一切。因此,在系统的序位法则中,第一条就是先来的人优于后来者。

序位法则第一条，先来的人优于后来者

讲得详细一点就是父母优于孩子，长子优于次子。就像《易经》当中所说的，天尊地卑，乾坤定矣。什么是优于呢？优于并不是说谁先来谁就占更多好处。

优于是指一种荣耀和责任，是承担，所以先来的人更需要被尊重。先来的人更需要去承担他们自己的责任，他们自己的义务，这叫作优于。

根据序位的法则，我们和父母的关系是父母优于孩子，因此父母大，我们小。父母需要是父母，孩子需要是孩子。亲密关系优先于亲子关系。因此，父母承担他们自己的命运，孩子，也就是我们，需要承担我们自己的，这是一个非常重要的原则。

通过系统的法则，我们明白，让父母快乐不是孩子的责任，因为序位法则，父母优于我们。虽然孩子能为父母做很多的事，但是孩子无法去做父母的父母，我们不需要也不能去承担他们的命运。有的时候甚至父母也会搞错，会认为自己有了孩子，因为要照顾孩子，影响了自己的生活和工作，所以才产生更大的压力，变得不开心。孩子应该为此付出代

价、应该为此内疚吗？并不是的。因为是父母决定要生下孩子并采取了行动，孩子才会诞生。因此，父母需要为这个孩子负责。先来的人去承担他们所应该承担的责任和代价。这也就叫作先来的优于后到的。

同样地，如果是同一辈人，比如说兄弟姐妹，那么最先出生的老大应该被给予更多的尊重，当他感受到这份荣耀，也能发自内心地照顾自己的弟弟妹妹。相反，那些年纪小的人，最后出生的人往往会作为接受者，从年长者身上去接受一些东西。

年长的人多给予一些，年轻的人多接受一些。这条原则也像是系统的繁衍法则一样，一代一代地向下流动。所以爱也追随着时间的流淌，慢慢地往下流动。其实纵观中国历史，关于序位的优先法则，存在于各个时期。例如历朝历代皇位的传承，基本上也都是按照长幼尊卑的顺序来排序的。如果长幼的顺序规则被打破，也很容易酿出悲剧。

当年近九十的李嘉诚卸任董事会主席的时候，让他的长子李泽钜接棒，同时给了他的次子很丰厚的补偿，他也遵循了这种长幼顺序。不难看出，在兄弟姐妹的关系中，这种系统的动力仍然是存在的。最年长的孩子继承家业，是千百年以来被普遍认同和接受的一种传统。那么如果这种序位被损害，或者遗产被不公正地分配，都有可能对这个系统造成破坏。

例如，某人曾有过多次婚姻，也就是拥有多次的伴侣关系。那么，如果他希望后来的关系能成功，就必须尊重自己的前度伴侣。

但是如果家庭里面有人，尤其是后来者违反了原始的秩序，想要去僭越，那么就会对系统里的某些人构成伤害。什么是僭越？最常见的一种是孩子想要尝试替代父母，替代他们去承担一些事情，去赎罪，去承担重任，去代替他们做一些事情。甚至很多时候孩子想要成为父母的父母，他们想要去掌控父母的婚姻，想要帮助父母改变命运，这就是违反了序位的法则。因为先来的人优先，父母给予，我们接受，他们大，我们小。

但是很多时候，孩子对父母充满了盲目的爱，并不能够觉察到这种序位。因此，当系统里有人违反了这个序位时，系统里的人都会因此而受苦。就如同悲剧当中的英雄一样,他们自以为做出了伟大的事情,但是最终逃离不了失败。

因此,序位的原则让我们保持合理的界限,让我们停留在自己的命运的范畴,而不是想一味去承担,去替代,去追随,或是想要去改变别人的命运。

这位案主来向我咨询的那天正是她离婚的当日。我慢慢地询问她为何走到这一步时,我注意到她谈到了她的父母。

她的原生家庭和许多案主的原生家庭一样,父母之间充满暴力,她的父亲酗酒、赌博,经常打母亲,小小的她把一切都看在眼里。在她懂事后,她便开始不停地劝说母亲离开父亲,可是母亲完全忽略她的建议。她不知道这些是不是导致她离婚的主要原因,她一直认为离婚是自己选错了伴侣,可是当看清了自己的原生家庭后,她开始怀疑。

在系统排列的理论和案例中,我们会发现,爱并不是那种放之四海而皆准的普世法则。爱不是包容一切的法则,爱一个人并不能够超越所有的框架,解决所有的问题。当爱不遵循家庭系统当中的原则和序位，只可能带来更大的麻烦，更多的苦难。所以秩序家庭当中的序位是早已被排定的，不能用爱来取代的。

我们要回归的是一种有觉知的、有秩序的爱，这才是解决之道。盲目的爱只可能带来悲剧。我们在很多个案当中发现，孩子们会出于对父母的忠诚和爱，想要替父母去承担他们的责任，改变他们的命运。其实你会发现，孩子的孩子也会出于同样的原因，去做同样的事。

也就是说，当一代人越过了序位，想要去干涉上一代人的命运的时候，他自己的命运也会变得悲惨。因为他承担了很多不属于他自己的责任和重担。同样，他自己的后代也会出于同样的目的，做同样的事。

一代人越过了序位，生活在痛苦里，下一代人出于同样的盲目的爱，也想要越过这个序位。最终，他们会一代又一代地重复这个悲剧。这就是带着盲目的爱的家族的延续。大家都感觉很壮烈，很无辜，但是整个系统自动做了差的选择。

为什么会有序位的法则?

第一,它是海林格在很多的个案当中通过观察和总结得出的结论。

第二,我个人认为它符合生物繁衍的规律,后一代的人有权利比前辈生活得更好,因为先到者更有权利去承担起所有责任,确保下一代不受影响。所以这是人类得以进化,得以一代一代变得更好的保障。

这条原则延伸下来会得到"我们没有权利去评判父母"的结论,因为他们先来,他们优先,他们承担他们自己的快乐、痛苦。

因此,我们作为后来的人,我们作为下一代的人,没有资格,也没有权利去评判他们。同样地,我们也没有权利去干涉他们的婚姻,更没有权利和义务去承担他们该承担的责任和痛苦。

家族经过一代一代的传承,仿佛一支军队,这支军队面向生命在努力前进,哪怕面对的是枪林弹雨。这时,最前排的人受伤了,后排的士兵该怎么办呢?他需要值守在自己的岗位上,而不是抛下手上的工作去抢救他。先于你来的这些人，无论他承受了怎样的痛苦、荣辱和生死，都是他自己命运的一部分，是属于他的尊严、荣耀，以及功勋。后来者虽然看到了这些辛苦，但要意识到，我们需要做的是去承担属于自己的命运，而不是脱离自己的岗位，一味地想要去帮助或者替代别人。

因此，我们需要去尊重家族系统里面的先于我们到来的爷爷奶奶、外公外婆、父母、兄弟姐妹。在公司系统中，我们需要去尊重那些先来的同事、老员工、创业者，以及对公司做出过贡献的人。否则整个系统会因为序位的错乱而发生不平衡。

原则其实是无情的。因为真正的大爱，超越了个体，超越了不同的文明和世俗，本身就是无情的。因此当你未能追寻序位法则时，你只是拥有一种很英勇的、壮烈的动力而已。这个动力会一直推动你，使你觉得你必须为此做些什么。虽然你知道这个方向对你而言可能是不好的，甚至有可能摧毁自己。

我时常从个案中看到这样的例子，孩子出于某些原因想承担属于父母的责任和压力。他们虽然在表面上可能会显得非常憎恨父母，但是在内心深处与父母之间有一种很深的连接，会觉得妈妈爸爸活得好辛苦，好不容易。因此，在潜意识当中孩子已经越过了序位，想要去替父母承担。

这种在潜意识当中的序位法则的被破坏，有可能使他们复制父母的命运，去承担一部分父母的责任，包括父母的重担和厄运。因此，你会发现他们的生命轨迹中充满了紧张、焦虑和控制。同样地，他们自己的子女也出于同样的原因，想要越过序位，也携带了传承而来的控制、焦虑、紧张。如同我们刚才所说的，家族的这些信息仿佛基因一样，一代一代地在复制着。

我们需要明白爱是需要带着勇气的，爱是有原则有序位的。在周鼎文老师《爱与和解》这本书里有个案例，他说有个女孩不尊重自己的妈妈，虽然爱着妈妈，但是总是对妈妈多加指责，甚至想要去改变她妈妈的命运，理直气壮地认为妈妈应该照着女儿的方式生活才对。当她这样认为的时候，仿佛她就站在比妈妈更高的位置上，就会破坏序位的法则，外在的显化就是小姑娘的体重严重超标。当她想要越过序位，想要变大时，她身体的尺寸也开始变化，变得臃肿，变得肥胖。所以只有小女孩愿意回到孩子的位置上,这一切才会变得有序。

如何让这个小女孩回到孩子的位置呢?她其实可以尝试这样说——亲爱的妈妈,虽然我看见您受苦,看见您活得一点也不开心,看见您有那么多的悲伤,但我只是您的孩子,无能为力,我完全接纳您现在的样子,我愿意尊重您的命运,尊重您所受的苦,因为那些都属于您。

我愿意敬重您,敬重您的生,敬重您的死,敬重您的快乐,敬重您的痛苦,敬重您的一切,我把这一切都留给您。这才是序位。

其实序位就是界限,明确那边是别人的命运,这边是你的。我们要很牢牢地记着那个军队方阵的例子。我们在命运前行的方阵中,我们的父母有可能遭受了什么,但那只属于他们自己。我们不能够越过序位,跑到他们的位置上。这是刚才在序位的法则里反复提到的第一条,也就是先来者优先。

序位法则第二条，新系统优先，也就是新的关系的系统比老的系统更优先。

我们刚才讲过，在同一个系统里面，先来的人、年纪大的人比后来的人优先。新系统是什么意思呢？新系统就是你现在形成的家庭系统。举一个例子，你的原生家庭是父母和你，随着你结婚有了自己的孩子，你和你的先生或者妻子和你的孩子又组成了一个新的系统。那么根据系统的法则，新系统比老系统更优先。

同时，现一段的婚姻比上一段的婚姻更优先。我们前面提到过上一段的伴侣更优先的情况，可是为什么现一段的婚姻更优先呢？上一段伴侣优先的情况，主要是说明你首先需要去尊重上一段伴侣。现一段的婚姻为什么会优先？是因为新系统优先，它更需要被你排在优先级上。因此，如果有利益的冲突，你需要优先照顾自己的新系统，把原生家庭的利益放在次要的位置，这就是新系统优先的法则。

无论是先来的优先，还是新系统优先，都遵循了一种法则——繁衍。新系统的优先原则也是确保了物种能够顺利地繁衍和生存，所以我们自己的家庭比父母的家庭更重要。我们首先需要保证的是现有家庭的利益、优先权、话语权和发展。如果你的孩子有了家庭怎么办？你孩子的家庭比你的家庭更优先，作为父母的你尽量不要去干涉他们。

因此，新系统优先的法则看上去是和我们中国传统文化中的孝道法则相违背的。中国传统文化对于孝是君臣父子的概念，也就是"父母是天，不能忤逆"。我们要恪守各种仪式，需要奉献自己的一切去照顾他们。

事实上，这种法则对生命而言是一种逆向的流动，也就是新的系统需要去服务于老的系统，后来的人需要去服务于先来的人，从这一层面上说，它更像是一种道德上、文明上的制度。而我们所说的系统和优先的法则，是一种生命本身的流动顺序。我们并不是要去评判孝道的好坏，只是需要明白生命的顺序，遵循繁衍的法则。我们可以去感谢和感恩我们的父母，去照顾他们，给他们提供支持、帮助、快乐。但是我们只有在维护好自己新系统的前提下，才能让老系统更加快乐，这才是更大的孝道，因为传承变得更加地顺畅。同时，你需要明白，一旦这两个系统发生冲突，且没有办法两者兼顾，那么你自己的小家优先。

我在一次公开的工作坊中遇到了这个案主,她说她的母亲为她付出的太多了,多得让她无法回报。她十分可怜自己的母亲,因为母亲为了养育她,放弃了婚姻,放弃了工作,甚至放弃了自己的好生活,以至于现在浑身都是病。虽然这个案主已经有了自己的小家,但是她总是想尽一切办法照顾母亲。

听案主说到这里时,我告诉她,她的做法违背了系统优先的原则,因此,她会付出代价。

她承认自己的确是付出了惨痛的代价,因为她想要照顾自己的母亲,所以没法去照顾自己肚子里已经几个月大的孩子,孩子没能保住。她的家庭也因此产生了矛盾,她和先生无法再继续过下去,只好离婚。

从以上个案我们可以看出,一个新系统因为老系统,新系统中的案主因为充满了愧疚,想要去照顾旧系统中的母亲,还会牺牲新的系统。这是生命一种逆向的流动,这种逆向流动让身处其中的人都非常痛苦。所以新系统优先不仅会让你的道德拥有最大的舒适和清白感,还会让我们家族的传承获得最大的利益。

新系统优先,会让整个家族更容易繁衍下去。同样地,第二次的婚姻比第一次的婚姻也要更优先。后来的亲密关系要比原先的亲密关系具有优先权。当然,之前的亲密关系更加需要被看见和尊重,因为它们先发生,需要被尊重和认同。

序位法则第三条,就是承担较大风险的人优先。

较大风险是指谁负担家庭里面的安全,谁在系统里面承担最大的风险。承担较大风险的人更需要被尊重,被认同,被看见。举例来说,就是丈夫优先于妻子,但是这里要区别于大男子主义。在一个系统里面,通常应该由男性承担更多。因为原始社会中,氏族部落里的男性是要出去打猎、捕食、参与战争的。妻子是在家里面摘果子,抚养后代。男人在系统里面风险会更大。所以在一个正常的系统里面应该是丈夫优于妻子。那么既然是丈夫优于妻子,理所应当地,这个男人在家里面就应该有更大的担当。无论在精神或是经济层面,他需要付出更多。同时他需要在家庭里面有更大的决定权。但在现今社会中，出现了越来越多的"妈宝男"，他们在家庭里面想要让渡自己的决定权，那么这种情况下，妻子或者婆婆就会优先，家庭中的序位就会彻底乱掉。当家庭的序位被打乱，那么系统优先的法则就会被破坏，很多矛盾也会随之而来。

那么，这些系统的法则、归属、序位，和我们接受父母有什么样的关系呢？具体又有哪些应用的细则？后面几节会详细阐述。

功课　自己做家庭系统排列示意图

本节的功课是给自己画一个家庭系统排列的图。家庭系统排列的图跟第四节所画的家庭谱系图是不一样的。家庭谱系图更像树状，父母生了孩子就把他们连在一起，一代一代地传承，它是代际的表达方式，用来表达繁衍、层级的关系，而家庭谱系图更像一个组织序位图。

但是系统排列图不是，系统排列图是把所有的角色放在这个图上，就像你拿着很多小人在桌子上随便摆放一样。家庭序位的排列图更像是表达他们之间的远近、亲疏和能量关系的图。

1. 绘制案主童年的序位排列图

包括原生家庭的所有人员，不要漏掉家庭成员。

按照你当时的年龄去感知，所有的人在当时的能量场各自在什么方位。

男性用方块，女性用圆圈，缺口代表脸的朝向。

2. 家庭序位排列图和家庭谱系图不一样

再绘制案主现在年龄的家庭序位排列图（可以包括现有家庭），不用处理，只是呈现信息。

3. 对比两张图，去看看家庭成员之间的位置、序位，从中可以发现怎样的信息

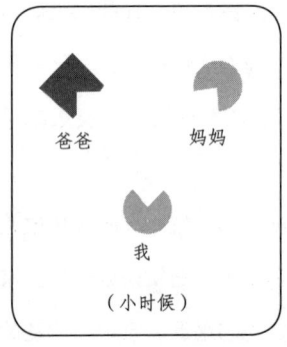
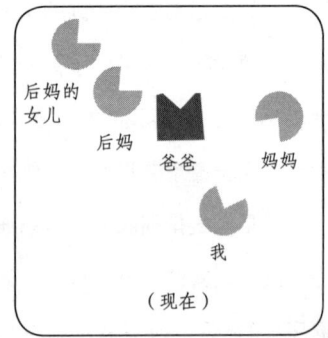

本节重点

1. 家庭系统中的序位法则

2. 为什么会有序位的法则

3. 给自己做一个家庭系统排列示意图

来自学员的疑问与成长心得

学员A：前两天在和爸爸妈妈一起时，家里发生了一些事情，妈妈不停指责爸爸。当时虽然我没有说什么，但在心里一直在思考妈妈的情绪问题，想去改变她。那几天我的身体感觉乏力，内心也充满了挫败感。但是了解了家庭排列后，我突然意识到，自己是小的，妈妈是大的，她先于我来到这个世界上，她与爸爸之间的问题与我无关，我要做的就是感恩父母。做完这部分练习后，忽然觉得挫败感和无力感都减轻了。

学员B：学习完序位这节课后，我有以下几个问题：当父母或者姐姐有困难、生病的时候，我是否应该在经济上或生活上给予他们帮助呢？父母会要求我为我的表哥、表弟、表妹，以及他们的孩子提供帮助，我应该拒绝吗？妈妈住的房子非常破旧,有安全隐患,我要不要主动帮妈妈换个新房?

答:在你力所能及的范围内,去帮助你的父母、家庭成员改善他们的生活当然没有问题。只是要留意,在做这一切时,首先照顾好自己的现有家庭。

第六节
家庭系统中的平衡

本节内容主要是讲系统中的第三个法则：平衡。在前面的内容中，我们分别提到了两个法则，第一个法则是归属。在家族系统中，我们不允许任何人或关系被排斥。我们需要给那些在我们家庭系统当中出现的人一个位置，对他们认同，给他们归属感，赋予他们在系统当中的权利和资格。第二个法则是序位。序位法则的第一点，先来者优先。先来者更有资格去承担他们自己的快乐，获得成功。序位法则的第二点，新系统优先。新系统更有资格和权利生存。

本节我们要讲的平衡原则涉及付出和接受。付出就是给别人赋能，给别人爱，给别人关怀，给别人帮助。接受就是获得。一般人肯定认为接受更舒服。表面上确实是这样的。

付出和接受的平衡原则，表面上的意义很简单，你可以理解为当你从别人那儿接受了一些东西时,你需要付出对价来求取平衡。同理,如果你为一个人付出了很多,你也要从他这里接受一些来获得平衡。一般的人肯定认为接受更加舒服。但是仔细想想,在我们所处的关系里面,当我们付出时,我们的内在会有什么感受?

你内心会有一种清白感。回想一下,你是否有过类似感觉,当我们接受别人一些东西的时候,我们是怀着愧疚的,认为给予者因此拥有了要求我们的权利。所以当我们付出的时候,我们觉得自己的清白感更明显了,因为我们有权利去要求别人了。当我们接受的时候,我们感觉会担心别人要求我们做什么,仿佛有被别人指使的义务。

所以权利和义务就在不断地变化着,让我们自己产生清白,或者感觉到内疚的动力。当我们去接受一些东西的时候,我们会感觉欠了给予者的情,这种感觉让我们觉得不舒服。所以我们试图通过回赠一些东西来消除它。因此,接受别人所给予你的是一种罪责形式,也就是让自己感觉到更不舒服的一种形式,这是隐藏很深的一种动力。

试想一下,如果你的父母为了你做了太多的事,我们的内心深处是会有负罪感的,我们会想着偿还这份情。如果你的伴侣为你做了太多的事情,你也会觉得不好意思去背叛他。当接受了一些东西,却给你自己增添了内在的不舒适,或罪责感时,你觉得自己被迫担负起了更多的责任。

接受和付出的平衡原则里面的第一条很重要,就是你拿到的东西和给出去的东西要平衡。

如果我们想要在我们的亲密关系、事业,或人际关系中取得成功,我们首先要学会的是付出,同时也让别人有机会付出。

我的一位学员王女士就因此产生了苦恼。有个男士对她很好,百般呵护,但是她总是觉得这位男士对她太好,她浑身不舒服,让她很难拒绝他的追求。所以有的时候,她就故意不接对方电话,不回复对方信息,尽可能不见面,尽量减少接触的机会。她自己很疑惑到底是应该坦然接受对方对自己好,还是应该保持一定的距离。

要知道一味付出的人会让别人产生愤怒,被付出的人会有巨大的压力,这种压力会导致关系的解体。我们应该保持施和受的平衡。同时,我们需要记住,"被需要"是一个人很深很深的需要。王女士的问题不在于这位男士付出的太多,而在于她没法用"付出"去平衡。被给予的那一方因为过重的压力而产生了逃避,其实最简单的付出的方法就是给予对方感谢和赞美,这样就可以平衡了。

你现在可以理解为什么你的父母在孩子一回家就忙碌、唠叨不停,不停地让孩子多吃饭,多穿衣,时常询问孩子饿不饿,累不累了吧?因为他们想给你的东西太多,急于想要表达他们的爱,但是很多时候你不愿意接受,你开始嫌他们烦,或者觉得他们在照顾你仿佛你就在亏欠他们。你不想要再亏欠他们,然后这种爱的能量就停滞了。所以当你明白被人需要也是一个人很重要的需要的时候,你会允许自己的父母去表达,接受他们想要给你更多的爱。你可以和他们说,如果你们不来唠叨,那还有谁唠叨呢?因为你们是我的爸爸妈妈呀!这样他们心里面会觉得舒服和放松。

同样,在一段关系当中,如果你的伴侣给了你很多的照顾关爱,承担了很多家庭的责任。你该怎么做?你应当欣然接受，然后回赠给他的再多一点点。因为你给他的多了一点点，所以他心中产生的那一点亏欠感，让他也必须给你再多一点点。因此，他给你的更多，你给他的也会越多。你们的关系就是一种良性循环。在企业中和人际交往中也是如此。

如果一个员工、一个朋友为你做了些什么，你需要报答，可以是奖金、名誉，或者是赞扬。你必须要让你的内在感受到施和受获得了平衡。例如，你的员工为你加班，为你做事，但是却未获得你的肯定，员工的心里会失落，施和受会不平衡，那么他会如何？也许他会决定下次不再努力，甚至做一些相反的事情来获得平衡。所以，当员工做了一些好的事情，没有得到上一级的肯定，无法获得内在的平衡时，他可能会去做一些坏事，由此去减少他曾经给公司做的贡献，用这种方式让自己的内心获得平衡。

这是我们探讨的第一点。我们再来看看第二点。你必须承认，有很多人不喜欢当接受者，他只想要去给予。有一些人想要通过否定自己的需要来维持这种清白感。前文提到过，当你接受别人的给予时，你心里会带着那种责任和不舒服的感觉，所以有的人特别愿意不停地给予来维持自己的权力感,不想让那些接受的人回馈给他。所谓助人者综合征,说的就是这一类人。不停地帮助人的本质是什么?其实是一种隐性的加害。

英国有个著名的慈善家,叫奥利瓦·库克。他92岁的时候跳楼自杀了。

他从16岁的时候就开始做善事,热心于帮助别人。他几十年如一日地卖塑料花,卖来的所有的钱都用来为他们的皇家退伍军人协会筹款,包括他的退休金,他一生捐助了二十几个慈善机构。这样一个心怀大爱的老人,本应该接受很多感谢和祝福,但出人意料的是,他每个月收到的超过200封的邮件和电话,不是感谢和祝福,而是要求他捐款的请求。他已经一无所有,那些受助人还责怪他给的太少。可怜的老人已经一贫如洗了,却不知如何对那些要求他的人说不。他曾说过,我已经付出太多了,再也拿不出更多了,但是我没有办法说不。最后他从桥上跳下去,结束了自己的生命。

这是怎样一个人呢？他永远在付出，从未要求别人回报。其实表面上来看，他是一个受害者，从施与受的平衡角度来看，他又是一个加害者。他看上去是在帮助别人，并不断地被人索求更多。他是受害者，但是最终他通过自杀让那些人感到内疚，这使他又成了隐性的加害者。所以那些不想接受别人帮助，或者从来不要求别人还给你一些东西的人，打破了施与受的平衡，其实是一种以自我为中心的表现。

从根本上讲，他和关系是对立的。海林格曾经说过，无论是谁，只想付出不想接受都只是想维持那种高高在上的感觉而已，更像一种禁欲的人，他们用最小的方式来参与生命，坚持一种清白无辜的幻想，不能全数地接受他们需要的东西，也不能给别人机会付出，并为此表达感激，他们选择封闭自己的欲望，希望借此摆脱需求和义务。仿佛这样他们就可以没有需求，不需要再去接受，不需要再去对任何人表达感谢。但是当一个人这样做的时候，他其实是和所有的人切断了心和心的联系，因为他高人一等。所以，在亲密关系当中，如果有一方永远在无条件地付出，另外一方肯定会感觉窒息。

同理，在朋友或者社交关系中，若一方总在无条件付出时，另一方最终会逃离他，会感觉到愤怒。因为面对一个人对你无条件的、永恒的付出，你也许会感觉难以消受，甚至变成一种慢性的折磨。因为很多时候你想要回报，但总是没有办法成功。于是不平衡感在不断地累积，直到变成一种愤怒，接受的人也会暗暗叫苦。因为那份罪责，那份责任感也在不停地积累。

那些只给予而不接受的人，其实就是在对别人说："我更愿你有这份罪恶感。"他们用一种巧妙的方式在扩大两人之间的不平衡。那么我们应该如何在关系当中去平衡呢？其实很简单，在关系当中我们需要变得更加聪明，可以坦诚地去要求伴侣为我们做些什么。当我们如此去要求的时候，我们在内心深处的需要好像突然变得明显了，所以我们可以自然而然地感谢他们，或者为他做得更多一点。他会觉得开心，因为他被看见了。同时因为我们的回报，他又给予我们多一点。所谓良性的关系，就是这样开始的。

正如我们前文提到的，付出和接受需要平衡，但父母和孩子之间是这个原则的特例。前文提到,一个人为你做了事,你需要回报。但是,付出和接受在父母和孩子的关系中是不平衡的。父母和孩子之间,平衡的法则只有一条,那就是父母付出,孩子接受;父母给予,孩子收取。为什么?因为亲子之爱是不平衡的爱。父母给了我们生命、关爱和照顾。他们牺牲了自己,因为照顾我们变得苍老,把他们的爱和关注都给了我们,用爱浇灌着我们,我们无条件地全部接受。

但是,我们并不需要直接把爱还回去。因为我们知道系统的法则,家庭系统的法则,其终极目标是保持整个家族系统的传承和繁衍。那么当我们接受了这么多以后,如何来消化这种巨大的不平衡感?我们平衡的方式是把它传下去。我们的父母从他们的父母那里接受了生命,接受了爱,接受了滋养。他们也是亏欠于他们的父母的,所以他们把这些爱传给我们。父母给孩子的爱,这些给予是单向的,是代代相传的。我们通过这种方式来寻求平衡。

如果你的父母为你做了很多事,甚至牺牲了很多,你可以带着微笑快乐地说,亲爱的爸爸妈妈,你们给了我这多，给了我生命，给了我一切，甚至为了我牺牲自己，我得到的太多了，多到我无法回报你们。我唯一能做的就是带着快乐去接受全部，并且有一天可以把我所得到的加倍地传承下去。你通过家族之间的传承去完成这种平衡。

千万不要觉得受之有愧，你的父母是先来的，他们大，他们给予，你接受。他们需要去承担他们的角色，给出爱。父母给了我们这么多，是因为他们的父母也给了他们这么多，所以他们所给你的，你只要加倍地给你的下一代就好。

有的人说我没有孩子，那我怎么样去平衡？你可以选择给其他人，比如多给社会贡献力量，更快乐地去享受你的生活，不去浪费父母所给你的一切。如果你的父母给你的不多呢？那也很简单，你仍然可以去感谢他们。因为他们给你的最大礼物，并不是那些所谓的关心和爱，那些都不是最重要的，最重要的是你的生命。你要知道，任何其他的东西，别人都可以给你，除了生命。

因此，不管父母是什么人，不管他们曾经做过什么事情，孩子从父母那里接受的最有价值的财富就是生命。父母为什么可以成为父母？不在于他们有多么完美，多么有力量,而在于他们给了你生命,孕育、诞下了你。父母给孩子的第一次付出,也是最重复的,就是生命也。

当父母被他们的孩子所接受,看到孩子们眼里的光芒,听到孩子们说"很高兴,感谢你们把我生下来,我以你们为荣"的时候,父母会获得一种很深的满足和平静,内心会感觉平衡。当然父母除了给孩子生命以外,也给孩子们提供了很多其他的东西。他们照顾了孩子,给他提供了很多有利的帮助,当然还有些父母给孩子提供了一些并不太好的"照顾"。所以父母给孩子的也有好和坏两方面。

因此,付出和接受之间,孩子和父母是满足单向接受的条件的,父母给,孩子接受。

在父母和孩子的付出和接受之间,有几种常见的模式会对这些爱和平衡造成损害:

第一,孩子拒绝接受现实中的父母。

第二,父母想给孩子一些不好的东西,孩子也不排斥。

第三,父母想要从孩子这边接受一些东西,而孩子也想给予。

当孩子不愿意接受现实中的父母,而是按照自己的评价、假设去想象他们时,他们会认为你成为我的父母,你必须满足某种资格,必须满足某种行为,仿佛孩子有资格说我不喜欢你这样,不喜欢你们那样,所以你不配做我的父亲,不配做我的母亲。因为我需要的东西你们没有给我,你们错误地对待了我。这样的想法和言论其实很荒谬,他们怎样能有资格做你的父母?他们只需要生下你,他们就有资格做你的父母。

如果你的父母生下了你,但是他们出于某种原因,某种疾病,某种灾难没有生存在这个世界上,你还会想念他们,感谢他们,赞美他们吗? 99%的人回答会。那这么看来,你的父母做的唯一错事可能就是他们活下来了,因为他们活着,所以给了我们更多挑剔的理由。

父母之所以能够成为你的父母,就凭他们给了你生命。如果他们还给了你其他的东西,那是你的运气。我们接受他们,并不是因为他们曾经做了怎样的事情。相反,一个曾经被父母伤害过的孩子,仍然可以说:"是的,你们仍然是我的父母。你们的一切是我的一切,我承认你们是我的父母,并接受你们生下我这个事实。我接受你们给我的好处,也接受你们对待我的方式。"当孩子这样做、这样说的时候，其实能让父母和自己都获得最大程度的滋养。

父母给孩子的并不全都是好的，同时，所有的孩子也并不是都想去抵御这些不好的东西。有些孩子出于忠诚，想要替父母去分担，即使是来自父母的债务、疾病、困境，等等。

有的父母没有把自己放在先到者付出、先到者为大的位置上，他们甚至会向孩子索取。这个时候我们需要明白，这已经违背了序位和平衡的法则。所以作为孩子，当父母给出有害的东西的时候，我们需要做的是拒绝和放下。我们并不需要全然接受父母给的一切。我们留下好的，坏的放下。

在我的某个个案中，案主是一位女士，她非常害怕自己有一天会因为一场大病而离世。因为在她小时候，母亲身体很健康，可她却总是担心自己的身体会出现一些问题，同时也经常担心父亲的身体，为此经常拉着父亲去做各种检查。这也是父母经常发生争执的导火索。

这位女士告诉我，她从小在充满了对疾病，对父母会过早离世的恐惧中长大的。后来母亲真的就在53岁的时候因为一场大病离世了。这位女士现在已经逐步接近50岁,她内心对于患病充满了极度恐惧。

怎么样才能放下那些我们不需要的东西?我们可以想象父母是大的,他们先来,他们优先,他们对自己的荣辱负责,对自己的疾病、义务、困境和债务负责。我们虽然很想帮助他们,但我们是后来者,是小的,我们无能为力。我们把属于他们的一切留下,要知道爱是需要带着勇气、秩序和界限的。

有一位30多岁的女士,她本来有段快乐的婚姻,有个两岁左右可爱的孩子,但她突然提出要离婚。她只想要离开家,至于为什么要离婚,自己也没有合理的理由。后来我询问了她父母的情况,得知她的母亲在婚姻中曾遭到丈夫的暴力,最后离开了家。我问她,你的妈妈是在什么时候离婚的呢?她说,是在我两岁的时候。然后我问她,你之前的婚姻一直好好的,你想想你跟丈夫说要离婚是什么时候呢?她愣了一下，说是在她孩子两岁的时候。

我们发现她根本没有意识到，只是她的潜意识中，出于对父母盲目的爱在推动着她，她想去重复母亲曾经的经历，去分担母亲的损失。就好像第二次分离，第二次离婚能够补偿第一次她母亲的离婚一样，好像她的离婚能够去证明她对母亲的忠诚。孩子们会无意识地渴望拥有和自己的父母一样的生活，因为她们之间连接的爱是如此深刻。

认为父母皆祸害中的许多人没有发现，正是因为他们痛苦的背后藏着对父母很深的忠诚，很深的爱，让他们变得盲目，所以企图通过接受父母的痛苦，来重复他们的命运。

在系统平衡法则里，父母给我们的爱是单向的，所以我们需要接受那些好的。对于父母们有意识还是无意识想要给我们的，我们只需要单向地去接受那些对我们有利的东西就好。这种做法似乎听上去很无情，但是我们依然要坚持，因为这满足了我们家族系统最优的繁衍法则。我们一定要跨越家庭，从家族更高的角度去看待付出和收取的平衡。

有的时候父母也时常混淆这个序位。可能是我们的父母从自己的父母那边就没有得到满足从而打破了序位，或者在他的伴侣关系里面没有满足接受和付出的需要，这个时候父母就会从孩子身上去寻找情绪和关爱的需求，好像孩子就应该满足他们的这些需求，有责任去处理这些事情。这种情况下，孩子和父母发生了角色互换，孩子要为父母的未来负责，要为父母承担他们本该承担的责任。

这个时候付出和接受的平衡就会逆行。原来的爱是从山峰流到谷底，现在要从谷底倒流回山峰，那么系统里的所有人都会因此受苦。所以，我们要从家族的角度去看待付出和收取，而不只是停留在个人道德和孝道的角度。

如果我们无法回报怎么办呢？我们有可能接受了很多，但是没有机会去表达或者给予，那么可以去表达真诚的感激，这也是去平衡付出和收取的一种方法。所以在亲密关系里，如果想让你的伴侣更多地为你做些什么，或者让他们尽可能地为家庭多付出，最好的方法就是给予他们够多的感激，也可以感激地跟他说："谢谢你为家里做了这么多，谢谢你为我做早餐，谢谢你把衣服洗干净叠好，你真是太棒了！"当你表达对他的感激时，其实也是一种付出，你给了他认同、认可，以及赞美。因此，当我们怀着感激之情，不仅肯定了彼此之间的付出，同时也肯定了我们彼此是一个整体。

如果我们曾经收到过的"礼物"大到让我们无法回报怎么办？比如说生命，就是无法回报的。别人给了你生命，怎么还得起呢？

很多时候我们觉得生命来得理所当然。谁让父母把我们生出来的，当初并没有事先征得我的同意，既然把我生出来了就应该抚养我长大，就应该好好对待我。当我们觉得这一切来得理所应当的时候，是因为我们没有看见施和受的平衡，不懂得感恩，觉得一切都是那么理所应当。虽然我们说过父母给我们的爱和付出是单向的，是无法回报的，但给他们一些赞同以及感激也是必要的。我们虽然没有办法回报一样的爱，但我们起码可以通过表达感谢，来平衡施与受。

在平衡法则中，当一方亏欠另一方的时候，会形成内在良知的不平衡。这个平衡法则，有时也会跨越系统的。平衡法则会跨越当事人在系统之间力求去达到平衡。

举个例子，你家族的某些成员遭到了不公正的对待，或者遭受了不公正的待遇，比如说，家族中的一些人侵吞了某些人的财产，或是因为某些人的让渡获得了重大的利益，那么，家族的后代有可能会为此付出代价，偿还这种不当得利，以此来平衡施与受，保持能量的平衡。如果你这代没有去平衡或偿还，那么后代或下下代会替你去偿还，甚至用命运为代价，提醒家族重新看见。

平衡是大自然运作的法则。我们需要在内在时刻地清理，时常看一看，是否还对某人有怨恨或者亏欠，是不是还有没有解决的事情？你现在可以想一想，你是否还没有来得及对某人说对不起？是否还没有对某人说感谢？或者你是不是用一些不正当的方式侵犯了某人的权利和利益？在各种关系当中，你是一个保持施与受平衡的人，还是一个不断付出，不愿意去向对方要求，不愿意接受的人？或者你是一个不断索取而不愿意付出的人？如果你有所觉察，你需要去尝试让自己保持施与受的平衡。

功课

本节的功课是练习接受和付出的呼吸法。你可以闭上眼睛做这个练习,也可以站着,或者坐在凳子上做这个练习。

1. 缓慢地进行腹式呼吸,脚踩地,双脚和大地连接。摊开双手,掌心向上。

2. 每次呼吸之间,尝试放慢速度。

每一次吸气时,双手由外慢慢画半圈至内,表示接受,回想每一个给过你帮助的人,在内心里对他说谢谢。

每一次呼气的时候,双手由内慢慢画半圈至外,表示你曾经付出,或者你还亏欠某个人,尚未达到施与受的平衡。

3. 做这个练习的时候,试着去感觉吸气(代表收取)容易,还是呼气(代表付出)容易。

有的人会发现自己更倾向于不停地接受,但当他伸开手掌去付出时,觉得心里很不舒服。若你发现自己是这样的人,看看自己是不是那种比较吝啬的人?是不是属于比较自私的人?是不是别人为你做了很多的事,你却忘了说一声感谢?如果是这样,你需要去弥补。

如果你是那种接受时觉得心里有愧疚,或者心里不舒服的人,或者说你觉得自己付出的时候更放松,你可以去看看自己是不是那种自我价值感比较低的人。这种人更倾向于被别人要求、被别人需要，但是内在是没有力量向外去要求的。问问自己，你是这样的人吗？

或者你是那种比较平衡的人。每次当你接受的时候，也很快乐很开心；每次当你付出的时候，你觉得对方也同样地理所应当，非常地平衡。

本节重点

1. 家庭系统的平衡原则
2. 父母给予，孩子接受
3. 付出和收取如何平衡

来自学员的疑问和成长心得

学员A：我从2011年开始学习心灵成长。那段时间，我听见我妈的声音就会抓狂，因为她总是不分时间、场合地抱怨，时刻刺痛着我。我的脑海总是浮现出幼年那些痛苦，比如我被打，她跟我爸争吵不管我哭喊，或者她委屈地坐在地上哭喊的画面，等等。那段时间我常常以泪洗面，随时随地都能哭出来，有种要炸掉的感觉。我意识到我抑郁了，但我提醒自己一定要找到情绪出口，不然整个家就要塌了。

慢慢地，通过看书和学习，我的头脑冷静，情绪稳定，专注力提高了，生活的热情度也提高了。用这些方法疗愈童年留下的创伤，非常有效，毕竟我也看见了父母爱我的画面，只是他们身不由己，已经给了我他们所会的，他们所有的。但是母亲与我的这种能量撕扯，还是让我深感困扰。我单方面地与父母和解，去接受他们，但是母亲一直这样向我索取，我该怎么办？

学员B：我的母亲有情绪障碍拒不吃药。她在面对陌生人或者家庭以外的成员时，表现正常。她想尽办法和理由要跟我住在一起。她的作息和我的不一样，早上起得非常早，然后就开始到处跑。我一直通过各种方式去学习接纳父母，已很少像从前那样总是以泪洗面，时常会感恩他们给予我生命，在他们自己不成熟时，辛苦地养育我成人。可是和母亲这样一直纠缠不清，又担心虽然我厘清了我与她之间的能量，但若她一直与我撕扯，我该怎么办？

答：感谢你能感谢的，感恩你从父母这里收到的。接受他们是不完美，并且无法改变的现实。同时告诉自己，他们就是我的父母，他们就是这个样子的，我同意。

第二部分
疗愈和父母关系的六步法

前文的内容主要是关于原生家庭背后的一些原理和规则，以及隐形的规则。接下来的内容是原生家庭疗愈里面极其重要的一部分，就是疗愈我们和父母的关系。我们曾经讲过，我们和父母的关系是最为重要的，因为那是我们出生时最开始的一段关系。因此，如果我们和父母的关系有问题，怨恨他们、不接纳他们，或者一味想替他们去承担责任，那么我们自己的事业、婚姻、财富、信念，甚至价值观都会出现各种各样的问题（因为和父母的关系会透射到其他的关系里面）。因此，我们需要借由疗愈和父母的关系，来到自己内在真正自由的境界。

在这里，我总结出了多年来实践运用行之有效的六步法，来帮助大家疗愈和父母的关系。这六步法借鉴了我的系统排列老师、《家庭系统排列入门》的作者伯图·乌沙莫所教导的课程中的部分原理。

第一步：改变视角维度，随顺命运之河。

第二步：重新审视历史，再次认知父母。

第三步：尊重父母原貌，回归正确序位。

第四步：全然接受父母，接受生命礼物。

第五步：交还他人责任，保持自我界限。

第六步：敬重荣耀父母，开启感恩能量。

这六步没有添加更多的原理、原则，只是融合了之前家庭系统排列中的原则和原理，将其演化为疗愈和父母关系的具体步骤。

第一节
改变视角维度,随顺命运之河

首先,介绍六步法中的第一步:改变视角维度,随顺命运之河。

我们常说人可以选择未来,但却没有办法选择出生。当我们真正接受唯一可以做我们父母的人,即我们的亲生父母时,我们可能会放下那种怨恨,放下那种想要改变父母的念头和想法。

但是,有人会觉得自己的父母曾经的所作所为给他们造成了很多伤害,他们十分憎恨父母,因为那种曾经的伤害,那种曾经的不作为,那种不当对待是真实不虚的。可是,那真的是事实吗?当然,从某种角度上来讲,他是对的。他的父母的确没有很细心地照顾他,对孩子有肢体暴力,甚至用自己的方式来控制自己的孩子,想要改变孩子们的命运。从某一个角度或视角观点来讲，这的确是一个事实。如果我们想要去憎恨一个人或某种行为，总是可以找出成千上万种理由。

一位姓李的女士曾在我的集体咨询课上说，她的童年完全没有父母关爱的记忆，母亲沉迷赌博，父亲也整夜不归。母亲每每遭遇不顺时都会打骂年幼的李女士，李女士去学校时经常遍体鳞伤，根本无法安心学习，成绩自然很糟。而父亲仗着自己能挣钱，根本不把妻女放在心上。整个童年李女士就是在没有父母的关爱，也没有朋友中度过的。长大后，李女士疯了一样逃离了这个家。但是每逢有人问起她的家庭时，她总是一次次地回避。

她问自己，为什么要去原谅父母？自己的半辈子都毁了，青春都毁了，人格都毁了，她凭什么去原谅造成这一切的罪魁祸首呢？又有什么理由去接受他们呢？

从狭隘的视角来讲，这无可厚非。但这种角度对我们有害无益，因为对一个人而言，最重要的不是曾经发生了什么、为什么发生,而是你要朝哪个方向去,你究竟想要什么。

维持一个受害者的角色,对自己没有任何的帮助,它只会让你不断服下恨的毒药。这些怨恨会形成一种快感,形成一种正义感,让你获得不需要自己再去负责任的轻松感,而要命的是,你会为此付出代价。我们口中所谓的痛苦和不公平对待,其实并不是事实,它只是从不同视角得出的不同观点而已。我们可以换个角度来看这件事情。

看待自我经历的五大层次视野

第一,从家庭的角度来看。

从家庭的角度去看待自己的过去,我们会认为自己出生的家庭有责任照顾我们。如果我有问题那就是父母抚养和养育有问题,他们造成了我现在这个样子,因此我的原生家庭没有办法改变。

在外人来看,张女士很幸福,她有一个美满的家庭,有一个健康的女儿,父母也都健在。但出人意料的是,张女士却感觉很痛苦。在张女士很小的时候，父母就给她灌输着各种传统家庭观念，但她本身任性活泼，热爱自由，按她的人生规划，并不想早早结婚。她的理想是，在她充分体验丰富的人生，了解这个多彩世界后，再找到一个和自己脾气相投、三观相符的人。

可是经不住父母的一次次催促与洗脑般的灌输，张女士赌气之下结了婚，虽然看似美满，可是只有她自己知道，这个决定做得多么草率。她的丈夫是个性格懦弱、毫无担当的人，没有事业，也不懂得进取，生活上就更没法给张女士想要的情调和浪漫了。张女士和父母透露了自己想要离婚的想法，父母完全不理解，甚至勒令她不准离婚，父母年纪越来越大，她不想刺激自己的父母，也找不到拒绝父母的理由。结果，她这段"报复性"的婚姻，成为她自己沉重的包袱。

张女士心想：父母年事已高，也经历过不少风浪，可仍然想要控制她，对她没有一点爱。对于过去，她没办法改变，对未来，她也无能为力。

"家庭是我的拖累。我现在所做的一切就是想摆脱原生家庭给我造成的阴影，这些都是我人生的扣分项。"

张女士认为，她的父母安排了她一生。她的命运不济，全怪父母。

从这个维度看，我们会得出一些让自己觉得无力的结论，会觉得自己的命运被控制了。这是最底下的一层。

第二，从家族视野的角度来看。

有可能我对我的父母有着各种各样的情绪，有怨恨，有感激，等等。同时我看见我父母对他们的父母也是这样的，有各种各样的情绪，有各种的渴求和不得。我看见我的命运有某种的路径、模式，我发现我的父母也有某一种模式和路径。同时，他们也很像他们的父母。

当我们观察历代祖先的时候，或者看我们自己的原生家庭的家庭谱系图的时候，发现我们的命运并没有这么简单。我们会发现，父母并没有刻意地想把我们打造成什么样子，哪怕他们是刻意的，但是在他们的刻意背后，也有好多的无奈和不受控制。家族的信息，命运的重复，仿佛就如同一个魔咒，一代一代地传承，那些苦难和欢乐都在家族里面一代一代地传承。每个人看上去都有自己所谓的自由，但其实也都是在轮回中，无法逃脱。因此，当我们站在更高的家族角度，我们会发现我们每一代人都没有我们想象的那么自由。无论上一代如何对待我，我如何对待我的下一代，或多或少地都携带了家族历代传承的烙印。当你这样去看时会发现，你对父母的怨恨已经开始减少。

第三，从文明和历史的视角看待我们的过去。

我们的父母为什么会这样呢？他们为什么会有匮乏感？他们为什么会有那么强的控制欲？他们为什么会有那么多的焦虑、暴力、愤怒？他们的背后到底是一种什么情感？

那是整个时代的信息，是整个地域的信息。有可能在我们的父辈或者更早，爷爷奶奶、外公外婆他们一辈，那时的生活并没有像现在这么和平、舒适，他们的年代经历了更多的战争、动荡、饥荒、生死。在那一代人的身上，由于所处时代的限制，他们累积了大量的创伤和不安全感。那个时代可能连温饱都没有办法解决，生命更加脆弱，所以在他们内心有大量的紧张和恐惧情绪，想要去控制，想要去索取，周围有很多人甚至没能够生存下来，系统里面有许多角色的位置被遗忘了。

一个时代有一个时代的烙印，创伤通过一代一代的、逐级递减的方式传递，最终传到我们身上。因此，当我们站在时代和文明的角度，去看待我们的家族的时候，我们会发现家族的这个队伍，是被印刻在时代当中的。它印刻在历史的这些大事件当中，印刻在整个时代、整个文明的这些重大的群体性的创伤的事件当中，家族又如何能够逃脱这些命运呢？既然没有办法逃脱这些命运，那么这个家族的后代又怎么能不受到影响呢？就像在一个湖面上扔下一块巨大的石头，那个石头下落的地方是涟漪和动荡最为激烈的地方，然后波纹才会慢慢地往湖面的四周荡漾，呈现逐级递减。这个波纹慢慢波及到了你，也开始介入你的命运。

所以，当我们从这个角度去看待自己的历史、父母的历史、家族的历史，以及时代和文明的历史时，我们会看见一个更大的事实。

第四，从物种演进视角看待我们的过去。

当我们从人类这个物种的角度来看待自己的命运或者经历的时候，会发现人这种动物是很有意思的。人类倾向于去保留那些负面的信息，更容易忽视那些正面的信息。

这可能与祖先生活的环境有关，他们生活在丛林里面，需要让自己的神经记忆更快速地去锁定那些负面信息。因为负面信息跟我们的生存是密切相关的，所以我们的头脑里先天性地就对痛苦、负面、紧张、安全感、恐惧等记忆特别地敏感。如果我们的生命中发生了一些不好的事情，我们以生存策略优先的大脑就会本能地记住它们，并把它储存下来。在250万年前这么做，是为了更好地在动荡而危险的丛林环境中生存。

但是，现在人类文明飞速发展，而我们的大脑结构仍原地踏步。也就是说，我们在一个新的时代，一个互联网的自动化的时代，使用的还是原始的"猴脑"。我们的这个大脑也和我们祖先的一样，倾向于去记录那些最为悲痛的、最为苦痛的、最让人放不下的负面的经历。

所以，当我们用物种的角度来看待整个人类的时候，我们会发现这是人类的一种通病，人类的大脑倾向于去捕捉和记录痛苦，而不是那些快乐的、美好的事情。因此，当我们换个角度，从更高的视野来看待自己的人生时，我们会有不同的结论。

第五,从命运的视角看待我们的过去。

我们还可以把这个视野和角度继续切换,切换到命运的角度。例如经常有人会去批八字算命,或者紫微斗数的预测等。从这个角度来看,你有什么样的父母,就会有什么样的命运。当然,很多人并不一定会认同这个观点,但我们仍然可以利用这个视角来帮助我们转念。

我们在生活中曾看到不少关于明星的八卦新闻。有的明星入行的目的就是替父母还债。他们没办法选择自己的家庭,他们的命运就是要摊上这样的父亲或者母亲。也许他们的童年被很好地关爱着,为了报答父母养育之恩,他们必须帮助父母偿还这样的债务,可是这种想要帮助父母承担责任的想法和做法,只会让彼此陷入更深的漩涡,所以也有不少明星选择和不知改过的父母断绝关系。

张德芬老师曾经讲过一个关于那迪叶的故事。那迪叶是一种很古老的树叶,在印度有专门解读那迪叶的解读师。有人专程到印度去找这些解读师。那迪叶解读师会从一大堆的叶子里面找出一片属于这个来访者的叶子，然后根据这个叶子的纹路进行解读，告诉你你的爸爸叫什么名字，你的妈妈叫什么名字，你之前的婚姻是怎样的，你有几个孩子。关于你之前的一切，他都能够告诉你。

听上去仿佛是你的出生，你的父母，你的一切都已经在你的命盘和命运中，也就是说你有一个怎样的父母，是你命里注定的，你与生命中这些人的因缘已经形成了。所以当你出生时，你并不是你所想象的那么无力的，你是带着你的命运来到这个世界的。

这个故事还有后半段，也就是被解读者的前半生的所有事情，包括父母的名字，他所有的经历，解读师都讲得分毫不差，但预测他的人生后面的事情，解读师的预测都不准。也就是我们人生之前发生了什么，我们父母对我们做了什么，他们是怎么样的人，也许已经没有办法改变了，但是我们后面的人生和命运还是可以掌握在自己的手中。

人生就像一个游戏，带着出场的设定。有可能当你刚出场的时候，你是一个小角色，没有什么道具，没有什么经验。但是没有关系，最关键的不是出场的时候给了你什么，最重要的是你想要如何前进，你想要到达怎样的方向。

有可能你会说我不想自己的命运像这样，不想要这样的父母，那你为什么不反过来想一想呢？如果你的父母有机会能重新选择小孩，他们一定会选择你吗？他们也许会选择一个更让他们省心的孩子呢。父母和你无法事先选择，这样你是不是会感觉公平呢？

无论好坏，父母的确影响过我们，影响到我们。但是我们现在成年了，有了人生阅历，有了自己的判断，我们可以慢慢地去修正，减少父母对我们的影响。这本身就是成长和成熟的一部分。因此，我们需要去看见我们的生命是父母传给我们的，但却不由他们创造，生命来自远古，代代传承。

祖先们把生命一代代地传承给我们的父母，我们的父母传承给我们，我们的父母只是一个传递生命的管道而已，他们并不能决定我们未来的一切。当我们切换视角，真正地看见这个更大的命运的实相，看见生命这种存在和更伟大的真实，你会发现父母并不是我们的造物主，只是个邮差而已。他们把我们带到这个世界上来，因为我们那时候太小了，他们需要在那个阶段照顾我们。

举个可能不恰当的例子。你在网上买了东西,快递员会将快递送到你家里,有可能你不在家,要求快递员在门口等一下,直到你签收,他就算完成了任务。

那么同理,父母也就是把我们的生命和命运送到。当我们太小未成人的时候,我们未能控制命运,所以父母会来照顾我们。也许是他们的原生家庭的影响,他们给出爱时,有可能会夹杂了自己的很多想法,因为他们自己也是不自由的,不自知的。我们所需要的就是从他们手里接过我们自己命运的主动权和控制权。

因此,无论父母做或者没有做什么,都不影响他们是父母的事实。

我们去做的接受父母的功课,其实就是要去看见更大的实相,去臣服于我们自己的命运。父母是我们命运的一部分。有的人认为父母的命运是这样,他们的经历不好,他们没有赚到钱,他们没有爱,他们对其他人更好,他们很吝啬,他们操纵我们的命运,说我们是父母命运的一部分,这个观点是错误的!我们不是父母命运的一部分!我们是续写了他们的生命,但是这是可以改变的。相反地,父母是我们命运的一部分！当我出生，我的父母就在，因此，他们就是我命运当中的一个组成部分。就像我们命运的背景、环境，或者那个出场的设定。父母就是你在人生游戏当中的第一个出场的设定！他们是你命运的一部分。而你是你自己，是个独立的灵魂，跟其他的人、其他的灵魂没有任何的区别。

灵魂和灵魂是平等的，有一个小的技巧和方法可以让你放下一些对命运的怨恨。想象你还是一个独立的灵魂，没有成为人的时候，你要选择一个家庭，在选择过程中，你会受到各种各样的制约。有可能有些你想要的家庭已经没法选择你了，有些更好的地方可能已经被捷足先登了，你需要等待很久，于是就选择了现在的家庭作为你出生的地方。当你这样去看的时候，你会发现你现在的选择有可能是当时唯一的，或者是最好的选择。

你的父亲母亲也许并不完美，可能会有暴力倾向，为人冷漠，但这已经是当时的最佳选择。我们可以用这个方法来转换视野和观点，让我们能够放下。当你把人生当中发生在自己身上的所有的一切的一切，都看成是自己的命运的一部分时，你会拥有强大的力量。那意味着无论我的父母是什么样子，无论我曾经被他们怎样对待，无论我曾经被其他人怎样对待，所有的一切我都愿意去接受，无论是痛苦的，还是快乐的。通过接受你化解了那些对过去事件的未完结的情绪，获得力量，收回了自己的能量，这样才能前行。这个时候你才真正地开始自己人生的旅行，否则的话，我们只是在不停地重复曾经的故事和命运而已。

海林格曾经讲过，我们命运的绝大部分都由父母决定，不论是美的还是残缺的。但如果能够带着奉献的心态尊敬父母，我们便可以站在父母的旁边，获得想要的自由。

每队的过去都会有时代的烙印，会有我们物种、这些烙印家族，以及原生家庭父母的烙印。这些烙印我们的背景和出场设定，都是由这些烙印影响、决定的。但如果我们能换一种心态，承认这就是我们命运的一部分，愿意去接受它，愿意去放下，这种臣服会让我们获得最大的自由。

相反，当我们还在苦苦地抱怨我们曾经遭到的对待和不公正，抱怨为什么不能像其他人一样拥有一个完美的命运，或者更好的父母时，我们就像将头插入沙堆的鸵鸟，当它抬起头来时，发现外面的危险依然存在，它不得不去面对。

我们要臣服于自己的命运。对某些人来讲，臣服有可能是负面的意思，意味着我们放弃努力。我们不主动去争取，只会一味顺应。但是命运并没有带着任何的道德感和评判，命运不会垂青那些毫无目的反抗斗争的人。相反，如果我们想要逆天改命，只可能遭受更大的痛苦和失败。臣服看上去是弱势的，它随顺生命的河流去替代逆流而上。臣服意味着我并不抗拒曾经发生在我自己身上的所有的事情。因此，当你真正愿意去臣服于自己的命运的时候，其实你会发现，那一刹那涌现出来的力量，巨大又真实。

同时要注意区分，臣服于命运并不等于认命，认命不叫臣服。比如说你掉在一个陷阱或泥潭里面，你说算了掉就掉到这里吧，我不爬出去了，我要臣服于命运。这不是臣服。

还有很多人已经陷入自己命运的泥潭里了，但却把所有的注意力都放在：我为什么会掉进来？谁让我掉进来？凭什么是我掉进来？为什么不是你掉进来？为什么我们大家都掉进来了，你居然比我生活得更好？我不服，我就待在这里吧……这些都不是臣服。

臣服指的是，我掉下泥潭，知道掉下来的原因，我不怨天尤人，因为掉下泥潭必然有它的理由。我要考虑的是接受我已经掉在泥潭里的这个事实，不去对抗这个事实，而是勇敢地面对自己，努力从这个困境里面走出来，去看看泥潭里有什么可以值得利用的，比如找到了几根棍子，一块石头，然后你可以很感恩地借助它们爬出这个泥潭，心怀去一个美好地方的向往。这才是真正的臣服。

本节重点

1. 改变五大层次视野的维度
2. 父母是我命运的一部分
3. 臣服于我们自己的命运

来自学员的疑问与成长心得

学员A：在面对这些的时候，我的内心总有一种莫名的恐惧感，却又不知怎样找出这种恐惧？

答：最大的恐惧来自未知，新的观点、新的结构、新的认知会冲击我们旧有的思想，这时候我们的潜意识就会感觉紧张和恐惧。我们需要做的就是带着欢迎的允许，允许自己拥有不同的视角，接收更多的有用的信息。因为这些对我们会是一种更好的补充和帮助。

学员 B：系统会按照什么原则来选择某个对象去追随、传承、平衡，尤其是那些不好的事情？为什么会选中那个人，会不会隔一代去传递？

答：我们无法准确地知道系统会按照哪个原则来选择对象，或去追随，在后面一节讲到了一些创伤的传递的原则可以作为参考。在现实生活中我们通过观察后发现，某些角色需要被系统重新认同和接纳，但是去追随这些角色的往往是最容易认同于这些角色的人，或者是最容易代替某个人来认同这些角色的人。的确有可能会出现隔代认同的现象。但无须恐慌，因为集体意识的纠葛也是可以处理和清理的。

第二节
重新审视历史，再次认知父母

当我们很小的时候，父母就已经是成人了，我们从来没有拿平等的眼光去看待过他们。在我们出生的时候，父母已经是大人，我们理所应当地觉得应该是他们来照顾我们，他们应该是完美的人，他们应该具备作为优秀父母的一切品质。因为我们弱小，仿佛被赋予资格要求父母。谁把我生下来，谁就需要负责任，谁叫你们未征求我的事先允许就带我来到这个世界呢？

你的父母又是如何来到这个世界上的呢？这对应该完美的人，又是接受怎样的教育长大的？在我们出生时就是成人的父母，天生就应该是一对训练有素的父母，懂得孩子教育，懂得关爱，懂得包容，懂得怎样去支持你吗？遗憾的是这只是孩子自己脑海中的一种幻想。就如同你看见穿着白大褂的人,就觉得他应该是一名医生;你看见了穿军装的人,就觉得他应该是个训练有素的战士一样,这些都只是你对某一种人的身份的投射。

这种说法当然有可能会让一部分人义愤填膺:难道父母不应该照顾孩子吗?你是想给不负责任的父母找借口和托辞吗?天底下父母不应该是最伟大的吗……如果你这样考虑,就错解了我要表达的核心观点。我们在做的不是翻案或者事关某个真理的辩论,争论到底哪个观点对,在这里并没有重要的意义。最重要的是,找到一个能让自己更有力量的解决方案,以及能让自己超越原生家庭制约的一个流程、一个方法,这些都只是工具而已。

从孩子的眼睛来看父母,他们永远是大人。孩子总是会抱怨父母,因为他们父母没有去做应该做的,或者做了错误的事情,孩子会嫌他们给的不够。因为没有获得足够多的爱,所以我们变成现在这个样子。那么那些不合格的父母是从哪里来的呢?那些不够完美的父母是从哪里来的呢?从家族谱系图我们会发现,家族至今已繁衍后代。

在你的家族中,你之前的每一代人都有各自的父母。从历史的长河来看,你肯定不是待遇最差的那一个。你的父母肯定也不是表现最差的那一对。

海林格曾经讲过,我们要循着去看见自己父母,从父母命运的背景下面去看他们,也就是说,学会去看到父母们所承受的一切,看到他们的失败、他们的苦难和失望,这样才能帮助自己直面自己的命运。

因此,当我们换一个视角去看待父母的命运的时候,我们才可以越过一个孩子的维度,用一对成人的眼睛,而非通过一个哀怨的孩子的眼睛来看待自己的父母,从而接受现实当中的父亲和母亲。

第一,切换我们的视角。

现在,让我们用一个心理咨询师、治疗师的视角来看我们的父母。把我们的父母看成一个来访者,甚至看成我们自己的孩子,分别去看看他们的经历,他们的家庭,他们的父母,他们和父母的关系。看看他们是不是也和你一样,没有获得很多的关爱,或者遭受到了不公平对待,他们的人生是否也充满了缺憾。一个孩子在正常的生长过程当中,有时候会遇到挫折,比如说遭受到一些言语或者身体上的攻击或惩罚、家庭的变故、一些重大的打击等。因此，当他们成年以后，某些行为、想法和情感也会被卡住。

当你用孩子的眼睛去看父母的时候，你觉得他们是成人。但是，当你用一个咨询师或治疗师的眼睛去看父母的时候，你会发现父母和你一样，也会沉浸在过去的岁月，陷入过去未被满足的需求和遭受的伤害当中。因此，他们教育孩子的方式可以说是在重复或者试图去治疗过去的伤害。

张女士十分憎恨自己的母亲，憎恨母亲对自己无止境的抱怨和控制。

张女士也曾经尝试过改变，可是每当母亲出现在张女士家时，或者和母亲相处一段时间后，张女士总会失去理智，重新陷入旧的情感模式。

比如张女士会因为一件十分小的事情就和母亲吵得不可开交。她还记得她们有一天争吵的起源竟然只是晚餐要不要煮饭。这种状态也影响到了张女士和自己女儿的关系，无意识中，她总想用相同的方式对待自己的孩子，没法容忍孩子忽视自己，没法容忍孩子做的事情超出自己的控制范围，她变得越来越神经质。

其实她所憎恨的母亲的一切,她也无意识地复制在女儿身上,甚至有过之而无不及。

你是不是也是一样呢?当我们用一个治疗师的眼光去看待这个系统当中的每一个人的时候,我们并没有那些好和坏或者应该或不应该的判断。我们只是去看家族里面的信息和故事,在一代代地传承着,每个人的命运看上去都是那么地不自由。哪怕你是更新的一代了,理论上应该拥有更多的自由和自主权,但仍然是在命运的轮回中无力逃脱。

因此,当你用一个治疗师的眼光去看父母的童年的时候,你会看见什么呢?你是否可以去接触到他们的内在柔弱甚至脆弱的一面?

拿一张你父亲或者母亲童年的照片,你可以先看着照片,然后闭上眼睛去感知他们,去想象你就是照片中的这个孩子,去感知父母内在的恐惧、愤怒,感觉他们的快乐,感觉他们的认知、惶恐、需求、渴望。你会发现当父母在的时候,我们觉得自己永远是孩子,但忘了你的父母他们也是有父母的，在他们的内在何尝不是感觉到自己也是孩子。当你成年了，你的内在仍然是孩子，仍然有创伤，仍然有不完整，他们又何尝不是呢？所以父母并没有你想象的那么强大。

你可以去想象，想象进入他们的内在，进入他们的童年去感知他们，去看看你是否真的能够去理解他们，了解他们。为什么他们会有这样的反应？为什么他们会有这样的情绪开关？为什么他们永远会陷在这样纠缠的模式里面，无休无止？

然后你会感觉到原来父母和你并没有什么不同。每个人都在命运的塑形之下，每个人都在家族信息的塑形之下，每个人都在过去经历的制约之下。

你很想带给你的孩子最好的一切，最好的关爱，但是你的孩子感受到了吗？

第二，拿出自己所画的家族谱系图，看一看这两个人的经历。

在家族谱系的树形图上，你可以看见你的父亲母亲，他们上面是你的外公外婆、爷爷奶奶，还有外公外婆、爷爷奶奶的兄弟姐妹，还有你父亲母亲各自的兄弟姐妹。你可以看着这个家族谱系图，去感知、去想象你的父母在童年经历了什么。

如果你把自己想象成是父亲或者母亲，想象外在家族的谱系图里面的父母的这个位置，去看看你扮演的父母又是如何对待你的？当你是一个孩子的时候，你的父母如何对待你？你又有哪些委屈、哪些的渴望、哪些抱怨和需求？你又是用怎样的眼光看待你的父母的？当你化身父母，以家长的视角去看待你自己的孩子的时候，看见他／她现在对待你的态度，你可能也会觉得无能为力。

你可以观察自己的家族谱系图，去想象你是父亲或者母亲，从他／她的出生开始去感知他的经历，去经历那种成长岁月，经历那种遗憾渴求，去感受到他们两个人的婚姻。感知他们有了孩子以后的感受，去感知到他们的惶恐、内疚，去留意他们刚做父母时的年纪和心情，同时也看一看自己的系统，观察自己的祖先、自己的父母给自己传承了什么？当你这样去做的时候，请留意年代的特性，尤其留意你父母这一代和他们父母这一代的年代特性。因为创伤是有代际之间的传递的,所以你需要去找到父母和他们上一辈的那些重要的时间节点,有可能你从来没有注意过他们所携带的创伤。

心理治疗师阿尔贝克曾经讲过,代际创伤对幸存者后代而言,就像是他们身上没有伤口的疤痕。上一代人对创伤的经历有两种典型的处理方式,即过度的沉默或过度的控制。

曾经有人研究过美国老兵,以及一些大屠杀的幸存者,他们发现幸存者对子女的教养方式,都有着过度控制这个共性,他们对孩子过度保护和溺爱,或者过度苛求。也有一些心理专家对中国类似历史心理创伤进行研究,发现这类人有极度的不安全感,他们的生活充满担忧,他们渴望成功,充满压力,且为此努力奋斗。他们希望能通过成功让自己变得强大,以免受到环境和社会的影响和伤害。这种对成功的焦虑、控制和恐惧也会感染到自己的孩子。每一代人都有他们那一代共同的集体信息、集体创伤、集体意识。因此,每一个人都不是那么自由,每个人都是相互关联的。

那么在创伤的代际影响里,哪些因素最容易引发后代的精神、心理层面的创伤呢?

一、后代在父母的创伤发作后不久出生。

也就是说父母在经历了一些很沉重的事情不久后,孩子就出生了,这种后代很容易携带父母的这些创伤信息。

二、后代是唯一的,或者是最先出生的孩子。

三、后代是替代型孩子。

也就是之前家里面曾经失去了一个或几个孩子,这就是我们前面所讲的家里面被排除的某些人。

四、父母经历了极端的精神折磨或重大的丧失,也就是他们的精神极度痛苦,并且导致他们的生活被极严重地扰乱。

五、在家中被过少或过多谈论。

被过少谈论的意思是指他被人变成一个秘密,过多谈论是指他被过度强化。这些都很容易引发后代的代际创伤风险。

由此可以看出,我们的父母也有他们的父母,我们知道在那一代曾经经历了很多沉重事件,很多痛苦的信息会被流传下来。我们该如何应对呢?

首先,列出你最讨厌的父母的特质,比如说你很讨厌他们的唠叨、抱怨、胆小、没有爱或者控制欲、很抠门，等等。然后，你以治疗师的视角，从你的家族谱系图中去收集一些信息。在这个过程中，你要心怀疑问，父母的这些特质是如何形成的呢？你要去分析家族谱系图，看看你爷爷奶奶、叔叔阿姨、外公外婆的故事，问问他们曾经经历了什么，并且将父母的故事记录下来。去想象下，如果这个故事的主人换成你，会有怎样的心结？怎样的遗憾？怎样的不足？你是不是也会形成相同的特质？

尝试不再用孩子的眼光去看待自己的父母，而是站在一个中立的、第三方的角度，比如站在前文所说的治疗师的角度去看他们，分析他们的家族谱系图，了解他们生长的环境和成长的故事，去看一看曾经被你所最讨厌的父母的那些性格、情绪，行为模式，以及特质是如何被形成的。看一看他们变成现在这个样子，是因为他们追随了家庭里面的某一些人，追随了祖先的某些命运，还是在重复他们自己的童年经历？用哪种方式和角度是非常重要的。当你这样去做的时候，你会把父母从你想象当中的神坛带下来，这时你不再期待说你们应该照顾好我，你们应该关爱我，你们应该给我一切。你会发现父母和其他任何人,并没有什么太大的不同,甚至更加不完美。他们不一定有能力去提供你想要的一切。为什么他们不能在生你之前变成一对完美的父母呢?因为不可能,每个人都为现实所困,都是基于自己的经历和过去形成了自己的情绪、习惯和性格行为,并且不断在家族,在自己父母,在自己祖先的命运的轮转中重复。他又怎么可能变成一个不属于他们自己的人呢?一个从小经历过恐惧、匮乏、不安全的人怎么可能突然能够给予你足够多的爱,足够多的包容,足够多的笑容,足够多的欣赏呢?

"我对父母的近乎疯狂的控制欲十分反感。"这位学员这样对我说道,"但是我表现的一直都很听话,如果我偶尔表现出反感,父母就会立刻翻脸,随后就会冷漠地对待我。"

这位学员的苦恼也是许多人有过的,她为此痛苦了许多年。其实她可以尝试画一下自己的谱系图,可以追溯一下自己的家庭关系,当然这需要家里长辈的支持。你的祖先们,是否也活在这种命运的轮转中?

根据我的建议,她在看过自己的家庭谱系图之后,了解了自己的父母原来也活在控制与被控制的不安中。

她的母亲原本成绩非常好,但因为家里经济条件差,不得不中止了学业。和平时我们所熟知的剧情一样,弟弟资历平平却完成了学业,这给她的母亲心理留下了很深的阴影。

可以理解为,母亲这种自主权的缺失,导致了她对孩子控制欲的增强。

我们的上一代,我们的上上代,他们往往经受了更大的变故、痛苦和压力,还有时代给他们的不安全感以及焦虑。这些他们怎么能够轻易地逃脱呢?如果一个人在这样的时代,被创伤严重的父母养大,当他自己成为父母的时候,他又该以怎样的态度去对待自己的孩子呢?因此,我们需要去放下一种当我出生时,我的父母就应该是世界上最完美的人的天真想法,明白这只是童年的一种幻想而已。当我们再次去看家族谱系图时,可以从你自己这一代,往上回溯到你的父母,回溯到爷爷奶奶,你可以去回溯到几十代几百代。你会发现没有哪一代人是完美的,没有哪一代所做的事情都是恰到好处的,没有哪一代给了孩子想要的一切的。虽然有些人做得比较好,有些人比较差,但从本质上来讲,他们并没有太大的不同。

第三,再次转换视角。

此外,你还可以用一种新的眼光、新的视角去看父母——用你父母的父母(爷爷奶奶、外公外婆)的眼光去看他们,同样,观察这张家庭谱系图,去了解这些过往经历,站在你爷爷奶奶的角度去看待他们的孩子(你的父亲),或者是站在外公外婆的角度上去看待他们的孩子(你的母亲),他们有力量、有能力来照顾这个孩子(父亲和母亲)吗?他们看见这个孩子时是感觉骄傲、对不起,还是冷漠,或者无所谓?

当你用父母的父母的眼光来看待你的父母的时候,你会看见更多的真相。最初的你是用一种孩子的眼光来看待父母,一旦更换到从父母的视角,然后更换到站在父母的视角,从多元及更广的角度去观察你的父母,或者用父母的父母的角度去看待他们的时候,会发现你面前的这个孩子,他们优秀吗?他们存在着哪些情绪?哪些需求?有哪些是你曾经给到的?哪些是他们所欠缺,没有得到的?如果你是他们的父母,他们的内在对你还有哪些渴求、不满、怨恨?当你了解了这些情况后,很可能会感觉到无能为力。当他们是孩子的时候,他们也有那么多的渴望,但是你为什么没能够满足他们?有可能你的内在也有自己的遗憾和无奈。

因此,当我们一代一代地跨越视角去回溯历史的时候,我们会发现他们会成为这个样子,会携带这样的信息,都有他们自己的原因。

本节重点

1. 重新审视自己的家族谱系图
2. 换个角度看父母
3. 回溯父母的历史

来自学员的疑问与成长心得

学员A:在审视我的谱系图时遇到了问题,父亲那一代人我就只知道父亲,与他相关的亲戚我都不清楚,爷爷奶奶我也都没见过,在做练习的时候我也想不出,该怎么办呢?

答：你以前从来没有了解过父母的背景，现在可以试着和父亲多去聊天，多收集些资料。尽可能地完善自己的家族谱系图。当你了解得越多，你就越能从不同的维度来了解父母。

学员B：我在回溯的时候发现我8岁以前的记忆很模糊，基本上没什么画面，正常吗？会不会是有什么创伤，潜意识把它刻意隐藏了？

答：你可以试着通过一些小的细节帮助你找到回忆，比如：一个旧时的玩具，村子的一条小路，一种小时候食物的味道，某个人的声音，小时候的玩伴……

第三节
尊重父母原貌，回归正确序位

如果我们期待父母有所不同，会削弱我们自己的力量。父母是我们的根，我们想要让我们自己的根系变得不一样，从某种程度上来讲就是削弱自己的力量。尊重并接受父母本来的样子，也是接受我们自己本来的样子。

我们的生命来自父母，我们生命中很多信息也来自父母，父母一直在影响我们。这就是事情本来的样子。

如果我们可以去接纳父母，尊重父母本来的样子，我们会获得很大的解脱，也会变得更加轻松。

同样，如果我们没有办法去接受父母，或者总是希望自己有一对完美的父母，对他们有很多理想化的投射。我们期待他们是富有的，能够给我们更多的帮助；我们希望他们是美丽的，地位高的，受人尊重的，受过高等教育的，充满包容、充满爱的；我们渴望他们是完美的。为什么呢？因为我们自己不愿接受命运和现在的样子，所以我们排斥、怨恨他们，对他们不满。那么，当我们这样做的时候，我们的内在其实还是一个没有长大的孩子，一个充满幻想的儿童而已。

孙瑞雪老师曾经讲过一个故事，在蒙特梭利的幼儿园里，几个三四岁的孩子坐在一起讨论，居然很快得出了几个重要的结论。第一，父母是不可改变的；第二，我们越想改变父母，他们就变得越糟糕。

这个结论令孙瑞雪老师很惊讶，她感叹道，如果我们小时候都得出过这样的结论，并把它当作自己的人生信条，那么很多心理问题都可以解决了。

事实也是如此，大多数心理问题的产生，都是因为我们小时候拒绝接受自己的父母，拒绝接受生命当中这个最大的命运，反而渴望去改变他们，渴望会发生改变，渴望那些过去的事不曾发生。这种渴望注定是失败的。我们不能也不愿意百分百地接受现实，或者干脆把现在一切归诸曾经的现实。

一个叫小赵的女孩曾经问我,为什么她总是吸引同样类型的男人,她总是因为同样的错误一次次摔倒。我跟她细聊后发现,她小时候长期遭受父亲的暴力。母亲在她很小的时候就离开了家,父亲长期酗酒,一腔怒火也总发泄在小赵身上。

小赵也曾想过改变,尝试过改变父亲的行为,皆无果。长大后,小赵一有机会就远远地离开了家,到了别的城市生活。

然而,那些有暴力倾向的男人对她有非常大的吸引力,像磁石一样吸引着她去接近。

这种吸引力,其实就是深埋在女孩心底的改造父亲的动力。

潜意识总会用不同的方式来去显化那些未完结的动力。那么,到底怎样才是尊重和接受父母现在的样子呢?首先,尊重并不是指听话和孝顺。尊重有三大重要含义:

一、不再企图改变,包括想要去拯救,去评判,去怨恨。

二、不再为此渴求、勒索或者抱怨。

三、不再去承担另一个人的命运。

在第一条里，如果我们真的尊重父母，首先要放下那个想要让他们变得更好的想法和念头，放下想要去评价他们的想法和冲动。我们需要明白，父母并不需要变成其他的样子，他们早就在那里了，他们比你出生早很多，你出生时他们就已经是那个样子。

他们的所作所为并不都是对的，但这并不意味着他们需要去改变（当然如果他们自愿变化那是他们的自由）。我们不再苦苦地去渴求有一对完美的父母能够照顾我们，也不再渴求在我们过去的婚姻和以后的婚姻当中，会有一个人来替代他们的角色，来满足我们内在对父母的渴望。我们不去拯救父母，因为拯救意味着某种改变。如果父母能够改变的话，他们一定早就改变了。他们之所以这样，是因为他们无力改变或者不想改变。我们需要尊重他们的选择。每个人都要为自己的选择承担责任。我们不能去做父母和家庭的拯救者，不能把他们当成包袱去扛在自己的肩上艰难前行。"尊重"是带着界限和序位的。

祝女士跟我说了一个故事，我觉得这个故事能够反映她女儿对序位的错误认识。

祝女士有一双儿女，在孩子很小的时候她和丈夫就离婚了，儿女都由她抚养长大。儿女倒是很争气，各自都有很好的前程。最让祝女士操心的是女儿。女儿年纪不小了，祝女士一直催促女儿赶紧结婚，但女儿对亲戚朋友介绍的对象，不是推阻就是拒绝。终于有一天祝女士忍无可忍，和女儿发了火，才知道女儿这么做的原因，竟然是不忍心看着母亲一个人孤苦伶仃。儿子早早结了婚，女儿很孝顺，常回家陪妈妈。祝女士的女儿这种行为，属于典型的序位混乱，也是导致祝女士和女儿发生矛盾，以及女儿行为偏差的主要原因。

尊重有四大层次。

第一，尊重父母的性格和优缺点。

我们可以去列出父母身上的优点和缺点，尤其是你很讨厌的缺点，比如说喜欢抱怨、无知、吝啬、重男轻女、待人冷漠等。

*闭上眼睛，想象面对你自己的父亲和母亲

＊告诉他们："爸爸妈妈，你们有一些缺点。"

＊继续对他们说："但是，我同意，你们就是这样的，你们不需要改变。我有一个爱抱怨、很吝啬的妈妈，我有一个很冷漠、很暴力的爸爸，你们就是这样的。你们不需要改变。"

＊带着发自内心的尊重而非无奈去做这些。你继续说："亲爱的爸爸妈妈，你有这样那样的缺点，但是我同意你是这样的，你不需要去改变。我也不再渴求你会变成其他的样子。你们并不完美，也不需要是一对完美的父母。"

这是尊重父母四个层次的第一点。

第二，尊重他们之间的婚姻和相处模式。

张先生说他是最典型的孝而不顺的人，他很爱他的父母，父母吵架的时候除外。

一天，刚下班回到家的张先生一进家门就又听到母亲对父亲的数落，都是因为一些鸡毛蒜皮的小事，然后无限延展到以前。这一次张先生没有听清是为什么，也不想知道他们吵架的内容,他已经司空见惯,彻底麻木了。每次听到母亲在他面前数落父亲时,他就很愤怒,恨不得马上逃离这个让他厌恶的家。

他觉得妈妈有时间,有独立的能力,也很会赚钱,完全有条件去过得很快乐很幸福。可是为什么母亲总是给自己找气受,越不过那个心里的坎儿呢?

正如前文曾举过的例子,李女士说母亲十分痛恨父亲,甚至不允许她在父亲面前称呼他为爸爸。所以看上去,李女士被卡在父母的婚姻里。

我们时常会在生活中听到父母说,他/她为什么和这个人结婚?他/她为什么和那个人离婚?他/她为什么在婚姻当中受尽了苦?父母甚至会告诉你说,他们之所以维持这段婚姻,就是因为你啊!他们为了保护你受尽痛苦、虐待、折磨。仿佛孩子是他们婚姻的一个代价,是他们没有离婚的妥协,仿佛他们是因为你而牺牲了幸福。

到底什么才是真正的尊重父母?其实就是尊重他们之间的亲密关系和所有模式。这意味着尊重父母之间的互动模式，尊重他们婚姻当中的冷漠、冲突、暴力、分离、冷战、相互伤害、双方之间的忠诚或者不忠诚、出轨，再婚，离婚，这些都是父母自己的事情。

我尊重父母在婚姻中的决定，无论是谁欺骗了谁，或者有没有把这个孩子生下来，有没有抚养这个孩子，喜欢男孩和女孩，这些都是父母婚姻中的事，他们是夫妻，这些都是婚姻存续中他们共同的决定。父母之所以成为夫妻，也是因为因缘和合，孩子又有什么资格指手画脚呢？所以面对父母的婚姻，我不期冀能有任何的改变，也不去掺和评判，自然也不会再苛求必须要有一个完美的、充满爱的家庭。

我不要求你们的婚姻像花朵一样甜蜜，像阳光一样温暖。如果父母之间貌合神离，那么你可以试着闭上眼睛，想象着站在父母面前，对他们说："你们之间貌合神离，这样的婚姻也很好，也很棒。这就是你们的婚姻。"

同时，我们也不必去承担我们父母那些聚散离合的所有的责任。如果父母告诉你，就是因为你，他们才维持这段糟糕的婚姻，你要记住这是一句谎言。因为作为父母，这是他们应尽的责任，是他们该做的，也是他们的选择，需要他们去承担。对他们而言,你只是一个孩子。在你的序位上,你不需要去干涉。

如果他们执意要离婚,那自然有离婚的解决的方法,他们也会有离婚后的生活。同样,你也会去承担那些选择以后的代价和命运,这些都没有关系。但是之前所做的决定,那些代价必须由他们自己、由他们这些成人来承担。

尊重父母之间的婚姻和模式,是尊重他们回归自己序位的很重要的部分。很多时候孩子出于爱,不愿意看见父母发生冲突。孩子们认为父母之间不幸福,出现问题,家庭的解体,都是因为自己不够好,不够可爱,不够完美,不够优秀,是自己让家人操碎了心。这是一种错误的想法。

我们必须明白父母婚姻当中出现的一切,他们的情感纠葛,他们的快乐和痛苦,都属于他们自己。因为他们大,我们小,他们先来,我们后到。他们彼此相认相知,做了这个决定,就应当承受一切,当然也包括痛苦和快乐。

一旦选择了亲密关系,选择了婚姻,就有资格和义务去经历、承担其中所有的酸甜苦辣,这本来就是每对伴侣应当承受的。

这些尊重父母四个层次的第二层：尊重他们之间的婚姻和模式。

第三，尊重父母的快乐、痛苦、重担和渴望。

很多时候孩子有一种无形的冲动，认为父母过得不够好，不够开心，主要原因是自己所造成的，内疚自己没有给父母创造好的环境，没能让他们安心放心，没能让他们荣耀。

王先生说，在他很小的时候就知道父母之间的关系很不和谐，他俩总是为了很多琐事争吵，甚至打架。父母每次一吵架他就会哭，等王先生长大了，有了自己的判断后，他开始劝架。他帮妈妈分析，爸爸是怎么想的，并向爸爸转达妈妈的想法。

而他自己的需求，没有从父母身上得到的满足，甚至连他自己也忽略了。父母很多时候忽略了他的感受和需求。等到他更大一点，以为父母会改变，可是发现，他们的争吵一如既往。

他在父母的生活当中活得很辛苦。当父母因为经济问题争吵时，他会将自己辛苦赚来的钱补贴给他们。当父母中一方因为与其他的亲戚在人情往来上发生矛盾时，他就去做调解。当父母想要换一个更大的房子时，他就倾其所有贡献一套大房子。

我们需要去尊重父母的婚姻和亲密关系，允许它们以本来的样子存在。同样，父母的快乐、痛苦、重担、渴望，他们对未来的看法和需求，我们也要去尊重。我们只是下一代，根据繁衍的法则和新系统优先的法则，首先要去照顾好自己，当然，我不是说让你停止对父母的照顾，不去尽自己的赡养义务，而是说首先要尊重他们的痛苦和责任，包括他们的不满和失望。

我们要知道，父母们会有自己的压力、自己的痛苦、自己的成功和失败。这本身就属于他们自己的命运。

你应该优先照顾好自己的系统，照顾好自己。如果你有更多的时间、金钱、精力，当然可以分享给你的父母们，让他们快乐，减轻他们的痛苦，减少他们的重担。

但是你必须要明白序位的关系，必须牢记新系统优先，否则你会因为想要去承担他们的一切,而摧毁了自己的命运。如果你在尽对父母的义务时感觉喘不过气来,可以想象你跟父母说,"亲爱的爸爸妈妈,我很想让你们过得快乐,很想着能够拯救你们。但是我没办法让你们完全满意,没办法让你们不失望,很抱歉。你们有资格失望,也有资格不满意。如果你们不开心的话,那是可以的。"

如果父母曾经告诉你说,我为你付出了这么多,比如说一个单身母亲含辛茹苦地拉扯女儿长大,落了一身病,牺牲了青春。她可能会觉得,为女儿牺牲了这么多,现在是该回报的时候了。父母有时候会向孩子索取。有的时候父母会向你要求一些东西,或者给出有害的东西。你要明白,这个时候的你仍要保持这个序位和界限。你可以想象看见了妈妈,然后对她说:"我尊重您承担了这么多,谢谢您给我的一切,我可以用其他的方式来报答您给予的生命,我会把您给我的所有加倍地传承下去,同时会为您做些力所能及的事。"在面对父母的痛苦和责任的时候,我们首先要去做的是厘清序位、界限、主次。我们没有办法让他们永远满意,同时他们也有资格失望。如果你不了解这一点,会始终活在他们的渴求里面，颠倒大小的序位，仿佛你是他们的父母，必须去抚养他们，这会让你人生的步伐彻底乱掉。

爱不是盲目的。爱是带着序位、带着界限、带着次序的。真正的爱，其实包含一种很大的勇气。

第四，尊重他们的生死和命运。

我们每个人都会经历到自己的生老病死，你的父母也不例外。但作为孩子，面对父母的生死，看见他们因疾病痛苦挣扎的时候，很渴望能够去挽救他们。

在一个工作坊中，有个案主举手提问。他的父亲20年前病故了，他一直内疚。他觉得如若当初给父亲更好的照顾或者陪伴，父亲可能就不会那么快离开。这么多年来他一直活得非常痛苦和后悔，自己的健康也出现了严重问题，仿佛以此来表达对父亲的追随和内在的赎罪。

我给他做了20分钟的个案咨询后，他彻底释放了这种内疚，在心里接受了这个20年前的事实——他的父亲有着自己的命运和生死，作为孩子虽然很想干涉，但没有办法决定别人的命运。他可以在内在去感恩和纪念父亲，并允许自己的生活可以更加轻松和成功。

大量案例都表明，当看见父母的痛苦与疾病时，孩子们都会想去帮助父母，如果失败，父母不在了，会导致孩子的心里产生很强的内疚感，他们会认为父母是可以被拯救的，本来可以再多活一段时间。真相并非如此。每个人都有自己的命运和生死。我们不要去想能拯救谁。

可以尝试一个让我们能够放下因为面对父母生死所产生内疚的方法。试着闭上眼睛，想象你看见父母，然后对他们说："亲爱的爸爸（或妈妈），我很想拯救您。但很抱歉，我无能为力，因为那是属于您的命运，我无法改变。"

真正的尊重父母是尊重他们的性格、优缺点，而不是去做任何改变。尊重他们之间婚姻的模式，不去改变和介入，不做任何评价，尊重他们的快乐、痛苦、重担。虽然你看见了，但知道那些属于他们。他们有可能会对你所做的或者没做的失望，但是你无能为力。你要做的是先照顾好自己的系统，尊重父母的生、老、病、死。这才是真正的尊重。尊重并不是一味地孝顺，也并不是完全听从他们的话。

你需要明白，那有可能是自私、冷漠、暴力，但同样带着爱、热情，想要给你很多的两个人，他们就是你的父母。他们本身就不是完美的人，他们的原生家庭不完美，他们的童年也不完美。他们就是现在这个样子，不需要改变。他们有了一段不完美的婚姻，有了一个不完美的家庭，然后有了一个不完美的你。同时他们还有很多需求、很多渴望，所有的一切都把它留在原来的地方。

功课

我们可以试着用间接反转法来处理对父母的抗拒，也就是用间接反转法来接受父母、尊重父母现在的样子。

1. 找到你所抗拒父母的点，先列一个清单。

2. 一边敲打你的后溪穴，闭上眼睛，一边念出你对父母亲的愿望与感受。

亲爱的爸爸，虽然您……我仍然无条件地尊重你。

比如：亲爱的爸爸，虽然您的脾气暴躁，我仍然无条件地尊重这样的您。

亲爱的妈妈,虽然您……我仍然无条件地尊重您。

比如:亲爱的妈妈,虽然您很懦弱、爱唠叨,我仍然无条件地尊重这样的您。

亲爱的爸爸妈妈,虽然你们……我仍然无条件地尊重你们。

比如:亲爱的爸爸妈妈,虽然你们离婚了,我仍然无条件地尊重这样的你们。

你们有理由这样,我同意。

3. 闭上眼睛做个深呼吸,让自己放松。

本节重点

1. 放弃改变父母的企图
2. 知道什么是真正的尊重
3. 接受父母现在的样子

来自学员的疑问与成长心得

学员A：当我开始做接受父母的功课时，我想向父母道歉，因为我突然意识到，接受他们就是接受自己，接纳自己的命运及随之而来的代价，接纳童年，明白这是我命运的一部分，接纳他们现在的样子，这是他们的命运。我一下感觉内疚减轻了，同时感到自己的孩子有一天也能这样接纳我们。

我突然觉得，亲子关系终极目标就是和孩子分离，所谓的分离不单单指自己能独立生活，还包括父母的快乐、痛苦、责任，都需要分离。现在很多啃老族，连自己的基本生活都无法保障。很多老人乐此不疲地照顾孩子一家，这样不但关系错位，而且后面肯定会引发系列问题。

学员B：我现在已经成功地接受了父母，在与他们的互动中已经能够分离，平静接受他们的观点、状态和对我的看法、期待，等等。但是，我每次去看自己的家族排列时总会痛哭，想要挣脱某种束缚，我知道自己内在还是没能接受命运之流，还在对抗。我怎样才能放下这种执念呢？

答：你并没有真正接受家族系统中的所有事实和命运。你需要臣服，这意味着你要接受家族历史中所有快乐的和痛苦的事实，对它们说：是的，我同意。你需要明白，这一切，也是你命运发生的背景，是你命运的一部分。

学员C：我现在明白了父母有他们自己的命运，要尊重他们！可是看见父母受苦时还是无法无动于衷，总想帮他们脱离苦海，可自己又很无力，内心充满内疚感。这种情况怎么处理？

答：你没有办法拯救父母。每个人从来到这个世界的第一天，就要开始承担自己的快乐和痛苦，要面对自己的生老病死，面对自己的求不得、爱别离、怨憎会，这些没人能取代。一个人，能够承担起属于自己的痛苦、责任、命运，是一件值得被尊重的事情。所以你需要记得，父母需要承担父母自己的责任和命运，我们需要对他们的承担表示敬意、尊重。同样，当你是父母的时候，你也要承担你该承担的。我们家族的每个人，都承担了各自的命运的苦痛，这是一种荣耀。

第四节
全然接受父母，接受生命礼物

我们在前面的三步已经讲解了如何改变我们自己的视角和维度。我们拥有这样的父母，是我们命运的一部分，我们需要真正看见并臣服于自己的命运，顺流而下。我们从家族的框架重新看我们的家族谱系图，再次从不同的角度看见父母，会发现，父母之所以成为这样，有他们自己的原因和经历。是家族、童年和曾经的这些经历塑造了他们，因此他们会这样对待我们。这个事实是无法改变的，也是不需要改变的。

本节要介绍的就是如何真正地接受父母，接受生命的礼物。

生命是一种存在，或者说是一种更伟大的真实。从远古到我们的祖先，到我们的家庭成员，再到我们的父母，最后传递到我们。这就是生命的传承。父母从很遥远的地方把生命一代一代地传给你，他只是一个生命的传递者，不是你的造物主。我们每个人要成为自己命运的主宰者。当我们能够珍惜父母给我们的生命的时候，我们才可能变得更成功、更快乐。

我们在成长过程当中所需要的一切，都有可能由外界或其他人提供，但是只有我们自己的生命是由父母所提供的。因此，父母给孩子的第一份礼物——我们人生当中最重要的那份礼物，就是我们的生命。

虽然孩子从出生到长大成人，父母都是在持续不停地给予，父母的恩赐如此之多，作为孩子可能并没有办法完全给予补偿，但我们可以对他们心存感激。

家庭系统排列的理论认为，当孩子因为父母过往的行为感到不满而抱怨父母的时候，相当于是在批判他们。因此，发出抱怨的孩子就会和他所抱怨的东西纠结在一起。每当孩子抱怨父母的时候，其实就是在否定父母参与自己生命的存在的方式。因此，孩子没有办法完全去接受父母给予自己的生命能量。

换句话说，孩子接受父母，包括了接受父母的缺陷与不完美，接受这些其实就是在接受自己。我们在"疗愈和父母关系的六步法"的第一步中讲过，父母本身就是我们命运的一部分。我们接受他们，其实就是在接受我们自己的生命。有的人可能会说，我不要这种生命，这种生命有什么好，太痛苦了。其实生命本身就充满了快乐和痛苦，可能的确没有那么美好。但有的人的确抱持着自己的人生是别人强加给他的这种想法，而这只是让他在受害者的角度上能够更加放松和懒惰一点罢了。

世界上所有的生物都是由上一代传承来的，这是一个原始而古老的法则。我们每个人当然可以决定怎样处置自己的生命，但这是你自己的决定。当你做出决定的时候，你已经百分百地为自己负责了。如果你说你并不想要自己的生命，因为你并不觉得它有多么美好的话，你只是想让你的父母更加内疚一点而已，你只是想对自己的人生少负一点责任，想要逃避和放松而已。其实，当你说出这句话的时候，你已经为自己的人生做了一个新的决定，你更想做一个受害者，把一切推脱给别人，你想把受到的所有苦难都归咎于别人。其实,刻意这样去表现,是想通过毁掉自己来惩罚自己的父母而已。这是典型的孩子的表现。作为孩子,他想要抓住那些父母最担心、最恐惧的一面去惩罚他们。

其实孩子是很聪明的,他知道父母最在乎的是自己,所以我可以通过毁掉自己、惩罚自己、让自己痛苦来使他们内疚。因此,这只是将自己当作一个诱饵来使你的父母内疚和痛苦的一种手段。当你这样做的时候,当你不尊重自己的命运的时候,自然也不会给自己带来好的吸引。

海林格曾经说过,父母给了我们生命,他们是唯一可以完成这件事的人。简单来说,只有这两个人可以给你生命。因此,当一个人能够"看到"自己的父母,并承认生命的源头的时候,就会发生一些美妙的事情。当你能够真的去做到接受自己的父母,并和他们连接时,自然会有很多美好的事情发生。

那些没有办法接受父母的人,通常也没有办法接受他们的伴侣。没有办法接受自己父亲的人,通常在事业上也会遇到很多的阻碍。没有办法接受母亲的人,往往也没有办法很坦然地去接受金钱和顺利。也许他们可以赚取金钱,但却没有办法好好地去运用它们,更无法享受在其中。

所以,如果你不接受父母、不接受生命,怎么可能拥有来自生命的美妙礼物呢?

当你不接受父母的时候,无非就是想要同命运抗争,告诉他们这不是我想要的一切。因此,当你的内在还在跟命运有能量地抗争的时候,那些好运、丰盛、成功会更加难以发生。所以,一个人如果没有办法去接受自己的父母,他的人生会过得非常艰难且充满挑战,他会遇到各种各样的问题。因为他没有办法跟父母连接,没有归属感,没有认同感。

我们经常看到那些叛逆的孩子,通常我们会把他们的叛逆归结为某种生理上的病症或者是无法治愈的精神创伤。其实如果我们追根溯源,观察一下他们的家庭谱系图,了解一下他们与父母的关系,说不定就更能明白这么做的原因。

陈女士有一位在工作中嚣张跋扈、经常评价他人的同事,但她的工作需要经常和这位同事接触,这让陈女士十分为难。

陈女士不是一个热爱社交的人,性格内向,多年工作也一直不见起色。终于,在一次和这位同事沟通的过程中,陈女士遭到了同事无端的责骂与抨击。

"你为什么不在我规定的范围内完成?""你真的很没有主动意识。"评判性的话语不绝于耳,但是陈女士没有反驳,这种委屈、愤慨积攒在心里,让陈女士一次次萌生了离职的念头。

其实回溯源头,陈女士的家庭是造成她这种性格的一个很重要的导火索。她的母亲性格十分懦弱,陈女士在很小的时候受到任何欺负母亲都不会站在她这一边,这导致陈女士喜欢将事情埋在心里,从不倾诉。

"说了不会得到任何好处,也不会得到任何解决方法。"这种消极的心态深深植入陈女士心中,她在潜意识里不认同母亲对待自己的方式,也不认同和母亲的关系。

回过头来再看看这位跋扈的女同事,难道她没有任何问题吗?其实未必,如果有机会剖析她的家庭谱系图,说不定会发现她命运背后的原因。

其实人生的丰盛和成功并没有我们想象的那么难,我们都可以拥有很顺利的金钱关系、人际关系、健康关系、幸福关系。当你能够真正地接受父母、接受生命的礼物时，所有的一切都会变得非常轻松。因为当你真正地去接受父母的时候，从生命的源头到你的祖先，到你的家族，再到父母，这一连串的能量流动就顺畅地开始了。

有时候我们会认为，我们所拥有的一切都是需要努力的，其实，除了我们的行为，我们内在的潜意识、能量有着更大的影响。所以最简单的方式，就是接受我们的父母。我们会发现那些好运、成功跟以往相比，变得更加容易获得了。

我有一位学员，性格很自卑，很不自信，甚至在做个案时也不敢说出自己身上发生的故事。我通过跟他聊天，发现他3岁的时候，父母就离婚了，之后他就再也没有见过母亲，这件事对他的打击非常大。

"母亲不喜欢我吗？我成了这个家庭的累赘？"

6岁的时候父亲再婚，家庭有了新的女主人，他多了一个妹妹，但为了让自己过得更舒心，他还是去跟奶奶住在了一起。

随着年龄的增长，他越来越无法大胆地表达自己，内心的自卑完全盖过了他的表达欲望。他害怕不善表达的自己说出得罪人的话。

追根究底，他的自卑来源于幼时的创伤，他需要明白，父母离婚并不是他造成的，离异的父母只是不再是伴侣关系，对于孩子来说，他们还是他的父亲、母亲，这一点是不会变的，他也需要明白，和父母连接，接受他们本来的样子，才是疗愈自己的最佳方法。

当你觉得自己没有自信、没有力量、没有资格做很多事情的时候，你要做的第一件事就是接受父母，这会让你的自我价值提升，你会发现你开始自我欣赏。命运给我们设计了一条最简单的成功之路，只需我们展开双手，恭敬地接受自己的父母。但仍有人不愿意做这个功课，因为他们觉得自己并不想接受这样的结果，不愿接受这样的父亲和母亲。越原始的礼物越本质。我们只需要去看见这种最原始、最本质的连接就可以了。我们需要超越自己的头脑和情绪。

那么,怎样才算真正地接受父母呢?我们可以从八个方面来描述。

第一,接受你们是父母、我是孩子这个事实。

听上去很简单,但有的时候我们其实不愿意承认你是我的爸爸、你是我的妈妈、我只是个孩子这件事。我们的内在还存在着很多抗争。当你真的可以很放松地说,你们是父母、我是孩子的时候,才是真正接受的开始。

第二,接受大小的序位,也就是你们是大的,我是小的,你们给予,我接受。

我们接受这种爱的单向流动、单向传承并不意味着只是贪婪地去攫取一切,而是意味着我可以无条件地去接受你们给我的爱,你们可以无条件地爱我,这就是我表达对你们爱的方式。我表达对你们爱的方式,就是去接受你们给我的一切,并且在适当的时候把它给传下去。

第三,接受父母现在的样子,接受他们的优缺点,接受他们的不完美。

第四,接受父母的婚姻现状,接受他们自己选择的亲密关系。

第五，接受他们的命运，接受他们的生死。

第六，接受他们给予你的生命。

你可以对他们说，亲爱的爸爸妈妈，谢谢你们给予我生命。我接受，你们给予我的生命。

第七，接受伴随生命而来的遭遇。

你并不只是接受生命，也接受曾经的遭遇，接受曾经的对待。

第八，接受唯一性。

唯一性的意思就是，承认自己的父母是唯一的父母，是最好的父母，彼此之间是最合适的，只有父母能带给我生命。

我们要从这八个方面接受父母，接受他们是我的父母，我是他们的孩子，接受他们是大的，我是小的。接受他们现在的样子、优缺点，接受他们的婚姻、亲密关系，接受他们的命运、他们的生死，接受他们所给予我的生命，接受自己的遭遇，接受他们是唯一的。然后你可以去想象你去拥抱他们，给他们深深鞠躬。

当你真正接受了你的父母，你对他们所有的经历、现状,以及你的经历、现状就会没有任何的异议,没有任何的不满、悔恨、抱怨和抗议。这一点很重要,没有任何想要追随、想要改变或者觉得他们很可怜、需要去拯救他们的心态。

其实生活中有很多类似的个案,他们一直抱怨、憎恨自己的父母,觉得父母对待自己不好,或者觉得他们给自己的爱缺失了。其实,这更像是跟父母之间的一种割离和抗争。当他们做接受父母的练习的时候,他们转到了另外一个方向,他们突然发现父母其实对他们是有汹涌的爱的,而且如此强烈。所以他们在内在生起了很大的连接,很想要去替父母分担,想要去拯救他们。

当抗争被消融了以后,那份追随、认同就会浮现出来。因此,真正的接受很重要的一点是,没有追随。也就是我们前面所讲的,要把父母的命运、父母的婚姻、父母的优缺点、父母的一切留在那里,还给他们。同时,我们需要明白,父母之所以能够做你的父母,并不需要获取任何的资格。因为他们给了你生命,他们有资格百分百成为你的父母。

所以，当我们接受了父母、接受生命的礼物时，才真正地和父母产生分离。这看似很奇怪，但也是很有意思的地方。我们曾经那么渴望跟父母分离，我们抗争，我们反对他们，我们逆反，我们抱怨，我们逃离。但是，我们紧紧地跟他们连在一起，我们甚至变得像我们憎恨的那个人。

当我们真正地可以按照我们所说，没有不满、没有追随地去接受父母的时候，我们才真正地和他们产生了分离。

当我们能够深深地鞠躬，在内在说："亲爱的爸爸妈妈，现在我承认你们是最合适的人，也请你们接受我是你们的孩子。"当你真的能够带着谦卑和臣服的时候，最有意思的事情发生了，你真正的开始变成一个成人。

海林格说过，接受父母是一种恭顺之举。接受和接纳有很大的不同。接纳当中包含着某种仁慈，而接受是指我赞同真实的存在。接受是超越道德的，没有善恶之分的。

海林格曾经讲过一个例子，某个来咨询的案主，母亲是一个妓女，而这位先生一直无法面对这件事。海林格对这位案主说："如果你能不带着任何的评判，只是满怀深情地对着你的母亲说，我接受真实的你，你是我真正的母亲。这就是真正的接受。"如果他因为他母亲所做的职业很痛苦，他就没有办法真正地去和她的妈妈连接。

所以，这才是真正的接受。接受意味着你没有任何道德以及好坏的评判。无论你的父母是怎样的人，你都可以百分之百地接受他们是你的父亲和母亲。无论他们曾经做过任何在别人眼里好的事、坏的事、丢脸的事、可耻的事、冷漠的事，这些都不会成为他们作为你父母的减分项。

所以，连接是超越了这些价值观和道德的。它在更深的生命层次。因此，我们跟父母的连接和对他们的接受也发生在这最深的一层。你可以想象你看见你的父母，无论他们经历什么，都去看见你们内在很深的连接，去臣服并接受。

有人可能会问，我做这个接受父母的练习需要多久？我们会期待做完练习马上能看到效果，让各方面的运气都好起来。但是，当你心存侥幸时，说明你并没有真正投入地在做这件事。你并没有用你专注和纯粹的意念完成这个接受过程。有的人做接受父母的练习时，可能做一两次就会有很大的改变，有的人可能需要好几年才可以完成。

但是，当你是认认真真地、发自内心地、百分之百地做接受父母的练习的时候，你会发现你和父母的关系莫名其妙地开始变化。甚至你们可能很久没有见面了，但是你们之间的关系会突然开始往好的方向发展。

我有一位学员，曾经十分憎恨自己的母亲，因为他的母亲对他的控制太多，同时他也不喜欢他的父亲。他觉得父母并没有给他足够的关心和爱护，所以当他成年以后，总是想要努力证明自己，出人头地。

但是，他的事业总是没法一帆风顺，他的事业似乎更倾向于往失败的方向走。

在和他沟通之后，他明白了这是和父母的关系有关的，于是，他开始每天做接受父母的练习。有意思的是，过了几个月，他和父母的关系突然开始发生变化了。

以前无论他做什么事情，父母总会反对，他也会向父母抗议。但是当他做了接受父母的练习以后，他和父母之间的能量的关系改变了。他的父母开始变得信赖他，愿意去跟他交流，愿意去支持他，他们之间的关系变得非常和谐和融洽。除此之外，他的事业也变得越来越好。

因此，如果你想让自己的人生变得更顺利，变得更有自信，更喜爱自己，变得让自己更加有魅力，可以经常去做连接父母的练习。

功课　连接父母的仪式

1. 找个安静、安全的地方，父母不需要在场，站立。
2. 睁开眼睛或者闭上眼睛都可以。想象父母站在你的面前，父亲在你对面的左手边，母亲在右手边。
3. 放松，不用任何力气，向父母缓缓地、深深地鞠躬。
4. 说以下的话：

* 爸爸，您虽然不完美，但您是这世界上唯一有资格做我爸爸的人。

* 我完全接受您作为我的父亲，也请您接受我作为您的孩子。

* 我接受你们给予的生命，也接受生命的代价。

* 您就是这个样子的，这是属于您的命运和历史，我尊重它。

*爸爸,谢谢您,对不起,请原谅,我爱您。

*亲爱的爸爸,也请您祝福我做我自己。

然后给父亲深深地鞠躬,表达对他给予的生命的尊重。

5. 把"爸爸"换成"妈妈",再来一次。

本节重点

1. 生命的来源

2. 怎样才算真正的接受父母

3. 连接父母的仪式

来自学员的疑问与成长心得

学员A:我一直对父母有很多失望,但我想到他们的时候没有怨恨,只有对他们深深的同情和遗憾。我也没有什么对他们的要求,我也不期待他们对我有好的改变,我只希望他俩能健康一点,和睦相处,少些痛苦多些快乐……我看到我从很小的时候开始,就把父母的喜怒哀乐背在身上,将这些情绪变成自己的责任和罪……

学员B：我觉得这个练习有很大的帮助，尤其对厘清父母关系这一部分，使我不那么怨恨他们了，尤其是我的母亲，我现在也体会到了我儿子和我儿媳妇的感受，心里突然轻松了很多。

第五节
交还他人责任，保持自我界限

第一部分：交还不属于自己的责任。

第一，把属于对方的能量、情绪、模式交还给对方。将你已经承接下来的，但其实是从父母这里得来的、属于他们的能量交还给他们。有时因为我们的序位和界限混乱了，我们想要去承担某些属于父母的责任，例如他们的疾病、情绪、痛苦的命运、不公平、困境，等等，这些其实都是属于父母的命运，并不是需要继承的遗产。同样，如果你出于忠诚、出于爱，想要去替他们承担，也并不能帮他们减轻丝毫，这只是一种复制而已。

另外一种情况则是父母想要从孩子这里获得安慰、保护。因为父母没有从他们的父母那里得到足够的安慰，或者没有从伴侣这里得到。所以，当父母颠倒了序位，想要从孩子这里获得的时候，孩子会变得非常重要，家庭里也会充满痛苦，这不是你所期待的。爱和序位的错乱意味着一代代痛苦的继承。因此，爱是需要勇气和承担的。

有哪些是属于常见的父母的能量呢？比如说和他们一样的情绪。

张平发现自己做事时总是在替代父亲的角色。父亲工作很不容易，他很心痛，甚至内心有一种恨不得去替代他的冲动。

张平是家里的长子，虽然他有弟妹，但还是想去承担父亲的命运。渐渐地，他发现他和父亲潜意识里其实很像，都非常无力、懦弱、胆小。

他也去探究了自己的家族谱系图，发现父亲其实在追随着某人的命运。他的父亲虽然是老大，但其实有一个哥哥，只不过刚出生几天就因为意外不幸夭折了。所以张平觉得自己身上的懦弱胆小其实是属于父亲的。

那么父亲的这份懦弱和胆小，又是属于父亲的哥哥的。

所以，这类情绪、性格和对命运的看法，其实是属于父亲的能量。也就是说，之前我们虽然做了接受父母的功课，但是现在我们发现我们还是有跟父亲之间的能量的认同，这是需要我们交还给他们的。

曾经有一位学员，在练习过程当中，她觉察到自己总承担着心里的一种难过和悲伤，这种情绪就像阴影一样伴随着她。

她说不上来这种感觉是因为什么，只知道这种感觉严重影响了她的生活和工作质量，每当心情低落时，她就会想探究这份"阴暗"的感受到底来自哪里。

所以她去做了家族谱系图的观察，然后发现她携带的能量属于她的妈妈，那她的妈妈是从哪里携带的这种能量呢？是从她的外婆那里。因为她外婆的妈妈死于难产，所以母系这一方的人，都携带了这种很深沉的悲伤能量。因此，她也做了交还的功课去清理这种能量。

你可以看看自己有哪些情绪、问题，是和你的父亲母亲很相似的。很有可能这就是因为你携带了他们的能量。这一切虽然已经被你接受了,却仍然需要你交还回去。

第二部分:交还父母的婚姻模式。

我们需要把婚姻当中携带的父母的能量和模式交还给他们,我会在后面的章节详细陈述。

第三部分:交还父母对我们的期望和要求。

中国家庭普遍缺乏界限感,因此,父母经常会有控制的心态,会下意识地觉得我有权利去控制孩子的一切。有一组数据列出了父母最热衷于干涉孩子的方面,干涉的最多的就是恋爱、结婚,占了78%;干涉职业发展占了60%;干涉选学校占了60%;干涉衣食住行、日常生活占了42%;干涉培养下一代占了37%。父母心里的想法就是:我这都是为了你好。因此,他总想要去干涉和控制你的生活。虽然我们在接受父母,但是我们心里要有一个准确的判断,父母是不会改变的,也不一定会尝试改变,你要有心理准备。虽然我认同你、接受你,但是并不是想让你们以后能够完全满意,同时我也不需要一直去承担你们对我的期望。因此,我们把属于父母的期望和要求交还给他们,这和我们接纳父母、爱父母是不冲突的。

不久前,某位明星在微博上宣布自己结婚。结果第二天,这位明星的母亲发了公开信,严厉指责准女婿的各种不靠谱的行为,其中不乏涉及这位女明星的隐私。

可以看得出,这位妈妈其实是一个极其有控制欲的人。她的女儿是一个明星,还是一个比较成功的艺人,但是她却声称自己是为了保护女儿,实际上是想要控制到底,干涉到底。因为她心里认定,我这样做是为了你好。

如果你有一对不愿意放手的父母,那么肯定也会有一个反抗到底的孩子,或者是现在还没有反抗,未来有可能会反抗的孩子。我们接受父母是因为我们最终会和他们产生分离。因此,我们把属于他们的期望和要求还给他们,同时他们也有资格对我们的一切表示失望。

第四部分,保持自我的界限。

接受父母并不意味着我们要被父母所吞没,我们仍然需要有双方之间的界限,这就是成人的状态。中国人的界限感非常弱，尤其是父母和孩子之间。有的时候，我们并不想要用很犀利、很严厉的态度去对待我们的父母，其实是为了拉开界限，给自己自我保护的空间。如果不这样做，父母会觉得我有资格控制你、支配你。因此，我们需要从内在心理去分离，从外在空间去分离以保持这个界限。

我们需要明白：

首先，我们有认知的界限，我们和他们的认知肯定是有界限的。我们的三观不一定是一样的。因此对双方意见、观点、三观都不一致的人来讲，如果他并不认同你的做法，你可以听，但并不一定要接纳。你只需要去接受他想要保护你的意图即可。

其次，我们的个体身份是不同的，你是上一代的人，我是下一代的人，你有你自己的年代、自己的经历，而我有我的。因此，我们两代人相互不一定会完全认同，可能会有不同的意见。所以，我有资格保持自己的界限和观点，你也有资格去保留你的。

最后，我们各自有各自命运的界限。虽然你比我先来，比我年纪要大，你是我的父亲母亲，但是我是一个独特的人，我有自己独特的灵魂，我有自己独特的命运。既然我有自己的命运，自然就有权利、有资格对我的命运做出选择，并为此付出代价。

很多时候一提到界限，有的人会很有心理压力，他们会说我很爱我的父母，父母是我最亲的人，父母是一辈子的亲人。他会觉得，当他表达界限说不，当他表达抗拒，当他表达自主的时候，仿佛就是对父母的一种背叛。仿佛只有两个人观点永远一样，仿佛只有我从属于你才是一种忠诚和爱。其实，并不是这样，我们相互是独立的，我们相互是不一样的。我们有不同的经历、不同的认知、不同的身份、不同的命运、不同的价值观，我们本身就是不同的人。因此，我不需要和你一样。相反，有些从你的身上无意识携带过来的能量、情绪、模式，我还要把这些交还给你。因此，接受父母、接受生命的礼物是第一步。

我们需要去交还那些不属于自己的部分，让自己变得更加独立。

你可以通过三点来考虑什么是真正的成人，什么是真正的成长。

第一点：虽然你是我的父母，但是这并不意味着我应该承担你的命运、痛苦和快乐。

所以，我把属于你的命运、你的痛苦、你的快乐留给你，我把属于你的情绪、你的责任、你的经历、你的婚姻、你的生老病死等一切交还给你。

第二点：你是我的父母，并不意味着我要和你经历类似的命运、情绪和痛苦。

我可以和你过得不一样，我可以换一种方式来爱你。

第三点：你是我的父母，我爱你，但是并不代表着我一定要去实现你的期待。

父母对你的人生建议只是一种参考，而非命令，哪怕是命令也只是他们自己的想法。所以，你能做的是想办法过好自己的生活，让他们骄傲。我们需要把属于父母的期待交还给他们，因为那些期待是他们的，而不是我的。并不是父母有了期待，我就必须去执行，仿佛我的命运是父母意识的延续一样，这不符合繁衍的法则。

真正的生存和繁衍是下一代更有资格比上一代生活下去，下一代更有自主权。因此，你可以接受来自父母的期待和意图,但是那个期待和渴望是属于父母的。

张德芬老师曾经讲过,我们要舍得让你爱的人受苦,每一个做儿女的都有责任去尽孝道,但是他们没有责任也没有能力扛起父母的悲伤、痛苦和期待。因此,我们需要让父母也自由,只有这样我们自己也才能有自由和快乐,能够毫无阻碍地去爱父母,接受他们的一切,这才是真正的孝顺。

德芬老师曾经讲过她自己的故事,有一段时间,她频繁往返于台湾地区的家中。每次当她回台湾地区的家时,她的妈妈还会像以前一样唠唠叨叨抱怨很多。

"如果你再抱怨的话,我就要走了。我回家的本意并不是想听这些。"德芬老师会这样跟她的母亲说。

她的妈妈听后很震惊,然后她会停下来,停止她的抱怨。

我们没有办法改变父母,我们能做的就是把属于他们的苦留给他们,把属于他们的悲伤留给他们。看看父母,他们看上去偶尔会变得很无助,但他们从那么复杂的年代生存下来，他们有自己生存的法则。

父母和孩子之间的爱连接如此之深，以至于有时候孩子会变得麻木，力图通过接受父母的痛苦来照顾他们。但实际上，他们是在伤害自己，过着让父母为他担心的生活。所以，我们需要让孩子成为孩子，父母成为父母。这句话听上去有点残酷，我们只是单向地去接收，并没有办法为他们承担。

如果你想变得不同，想变得更大，你会越过序位去替父母承担，甚至大声地在潜意识里呼喊："让我来吧，我愿意追随你，我愿意替你分担。"但是命运并不会因为你这种盲目的爱和冲动，让你们所有的人好过。命运会如何呢？命运会让你复制父母的一切苦恼，你会变得和他们一样，甚至你的孩子也会因为这种盲目的爱想要追随你。

因此，家庭中这些一代一代传承下来的不幸，背后都蕴藏了很大的爱，当然这种爱是盲目的，并不符合系统的最优法则。例如生命的进化，都是通过不停的演进、新的迭代来获得最终在自然界的地位的，也就是新的系统要获得更大的优先权。

因此，我们要将这种盲目的爱变成一种有觉知的爱。我们需要带着祝福去做自己，找到自己内在的力量，为人生承担一切。我们需要交还父母属于他们的能量、期待和责任。父母已经经历过他们的人生了，经历过他们的快乐和痛苦了。如果你的父母担心，你真的去做你所做的，你会把人生搞得一团糟，你会经历失败。这时，你可以告诉自己，也可以告诉父母，你们已经经历了自己的人生，经历了快乐和痛苦，也有可能已经把自己的人生搞得一团糟了，现在轮到我来过我自己的人生，你对我好，并不意味着我需要全部听你的。

但是同样的，想要做自己，并不意味着不会失败。恰恰相反，人生充满了失败和死亡的风险，做自己，意味着我们愿意自己去面对一切，愿意自己去承担起选择的责任。你也可以去问一问自己，你是否已经准备好了，是否做好了自己独自上路、面对自己的人生，而不是继续躲在父母的保护和要求之下的准备。有很多的人，还没有想把一切交还。相反，他们更期待有一对永远能够保护他们的父母，可以让他们永远在温暖的、安全的保护下生活，他们做任何事情永远有人可以发出指令或给出建议。如果你总是苦苦地想去证明某些事,或者等待别人的允许做某些事,那么,是时候把别人的期待交还给他们了,你需要承担起自己的成功、快乐、痛苦和失败,否则你在你的内在永远是个害怕失败的孩子。

还有一些特殊的情况,会导致我们不愿意去交还。

第一,我们想替父母承担,是出于一种傲慢,并非尊重他们。

那么,我们需要去看见更大的系统,看见父母的命运,看见他们的尊严荣辱,我们需要用最勇敢的智慧去交还。

第二,我们要允许我们的父母成为他们的样子。我们很担心当我们把这些痛苦、愤怒、嫉妒、疾病和悲伤交还回去后,他们怎么办呢?我们需要允许他们的不完美,我们需要允许他们婚姻现在的样子。

功课　交还仪式

做这个练习的时候,父母无须在场。当然他们如果能够理解这些原理,并且愿意参与的话会更好。

第一,我们需要找到那些你所承担的,但其实属于父母的能量。

找到与父母类似的情绪和命运,或者你要交还的是他们对你的期待。你需要明白这个仪式的重点是内在的、能量的交还。它对你而言只是一种帮助、一个过程而已,所以你需要投入地、认真地做每一个步骤。

我们举一个例子,李先生觉得他的父亲很懦弱、很无力,内心带着很多恐惧。他发现自己也携带了同样的能量,他的这份能量是从父亲那里承接过来的。而父亲的懦弱和恐惧则是从他没有幸存下来的姐姐那里得来的。

第二,你可以选一些你认为比较"重"的东西。这个"重"的东西其实代表了属于父母的责任、重担、情绪或者命运。

我们交还过去的那个人的命运由他自己负责,我们无须干涉他。用李先生的例子来说,我们可以先选一些"重"的东西代表承担在李先生父亲身上的这份懦弱和无力。你可以挑一挑,感受一下重量,你也可以去选一个瑜伽砖或者其他很重的东西,例如一袋米,或者其他任何道具,只要你觉得重量合适。接着,你可以去选择一下,你感觉像你身体里面承担的这份属于父亲的无力和懦弱,大概有多重。如果你觉得这份能量很沉重,你选择了一袋十斤重的大米,觉得重量刚好。也有可能你挑了一个大概一斤重的凳子,你觉得这个重量就很合适,足以平衡你感受到的那份能量。可以说,这个重量是根据你自己的估计而确定的。

第三,找一个封闭的房间,你手捧这些沉甸甸的负担,闭上眼睛想象父母就站在前方。

这个练习你并不需要很仓促地去做,你无须急匆匆地跑过去,也不是把手中的东西随意一丢,这份能量就会减轻,这个练习需要你慢慢地带着精微的感知去做。

第四,表达对父母的认同,他们是父母,你是孩子。

首先,你需要去表达对父母的认同,你可以说,亲爱的爸爸,现在我看见,您是我的父亲,我是您的孩子。

同时向他表达,出于某种原因,你与他一样承担了属于他的能量。

你可以说,亲爱的爸爸,出于某种原因,我承担了属于您的懦弱和无力,这种能量在我身上也存在。

第五,你现在愿意带着爱和尊重把这一切交还给他们,问问他们愿意吗?

你可以对他说,亲爱的爸爸,我现在愿意带着爱和尊重,把这种懦弱无力的能量交还给您,这是我尊重您的方式。因为我承担的只是一种复制,并没有办法让您得到任何轻松。所以我现在可以带着爱和尊重,把属于您的能量交还给您吗?

你可以想象父母站在你的面前,他是否能够同意?当他同意以后,你可以手捧这个沉甸甸的负担,一步步慢慢地走向父母。千万要留意,你的步伐必须要很慢。当你捧着你的重担每向父母靠近一步的时候,你可以一点点地感觉到这份能量、这份郑重和这份想要交还的意图。同时也感觉到你真的是带着很大的敬重来做交还的。你慢慢地、慢慢地走到父亲的脚边,深深地鞠躬,然后对他说,亲爱的爸爸,现在我带着爱和尊重,把这一切交还给您,这是我敬重您的方式,这是属于您的能量,能够让您完整。

然后,你可以做个深呼吸,把代表重担的东西交到他的脚边,接着,你可以向他表达感谢、感恩。你可以说,亲爱的父亲,我可以换一个方式来荣耀您。谢谢您。

最后，你可以做个深呼吸，结束这个练习。

本节重点

1. 为何需要交还，交还什么
2. 什么是真正的成人，什么是真正的成长
3. 交还责任的步骤

来自学员的疑问和成长心得

学员A：学了今天的功课后很有感触，当做到交还仪式的步骤时，我仿佛看到了一只小鸟，背着非常沉重的枷锁，步履艰难，每迈一小步都很吃力。那沉重的枷锁压得它透不过气来，让它以为生命本来就是戴着枷锁的，让它以为步履艰难是很正常的。

于是我找了家里最"重"的两样东西，一袋米和一袋面。这个重量还不够。那是一种压在人的肩颈上，把脊背压得深深地弯下去的重量。难怪我的肩颈一直觉得疼痛难忍。

当我看见母亲的面庞时，依然是哀伤的、疲惫的。当我说我要把她的痛苦和情绪交还给她时，我看见她忍不住痛哭

了,我也哭了。仿佛这多出来的重量可以把她压垮,我非常不忍心。

当我再次做好准备要交还时,母亲平静了一些,也有力量了一些,她的神情好像在说,给我吧,没事的,我承受得住。于是我慢慢地、一步一步地把这些沉甸甸的东西交还回去,放到她脚边。

交还的那一刻,我又落泪了。这仿佛是在进行一种能量的清洗,强大且暴烈。清洗过后,我感到轻松了一些。

学员B:无论哪种工具,其实最终要放过的是我们自己,而不是放过父母的错误,也不是找到一个道德制高点去评判他们到底有多对不起我们。交还的练习中有两句话让我特别印象深刻。那两句话很简单,一句是"妈妈,我同意",一句是"谢谢妈妈"。我说完这两句话后整个人都放松了……这不是因为我找到原因来原谅或者不原谅妈妈,而是我放过我自己了,准确地说,我终于找到这个瞬间,可以去试着放过自己了。也许不放过自己才是很多痛苦的根源吧。

第六节
敬重荣耀父母，开启感恩能量

感恩、爱和荣耀，是一个顺序。无法感恩的人，必定无法真正爱自己的父母。无法真正爱自己的父母的人，更加没有办法谈及如何能够让他们荣耀。

所以感恩是什么呢？感恩是因为别人对你有恩情、有恩德，因此你需要去感谢他。感恩让你能够迅速地转换自己的能量，能够让你重新发现被忽略的事实，能够让你从被动的人生中转化出来。那么，一个人如果对你有恩的话，我们会去感恩他，但如果一个人和你有仇的话，你该怎么办呢？我们仍然可以去感谢我们应该感谢的那部分。

爱是一种很深的连接。尤其是我们和原生家庭、和父母的爱。因此，当我们真正能够去感恩、放下怨恨的时候，我们会清晰地发现，其实我们与父母之间的爱从来没有丢失过。当你找到这份爱时,它就能给你带来归属、安全和好运。荣耀意味着你不但找到了爱的连接,你还可以以你的父母为荣,以你的家族为荣,同时让他们以你为荣,这会给你带来巨大的力量和支持,让你更加容易在事业、经济等方面获得成功。

为什么在这里设计感恩的练习呢?因为感恩是这些练习中重要的一环。虽然前面的功课里已经逐渐地去接受了父母,把所有属于他们的能量、他们的期待交还给了他们,但是我们仍然不能忘记感恩的练习。这和我们的头脑策略是相关的。

我们的头脑策略通常是倾向于负面的。因为人类的祖先生活在丛林里,大概在几十万年到几百万年前,他们已经和我们的头脑构造一样了。当一个动物生活在丛林里面,它需要从一出生的时候就尽快去建立起防御危险的策略。因此,我们的头脑更加容易获得什么呢?获得怎样去识别焦虑、紧张和威胁。

如果一头猛兽想要吃你,最好的应对方法就是立刻逃跑,而不是去分析利弊。这种策略通常会形成一种本能的反应，我们的大脑这么做也是为了让自己更好地在原始的环境里生存下来。因此，我们的头脑更倾向于去找到哪里有危险，哪里有不足，找到哪里可能有新的威胁，并且把这种焦虑、紧张和不安全固化下来。

瑞克·汉森曾经说过，我们的头脑对于负向的经验就像魔术贴，但对于正向的经验就像不粘锅。虽然人类历史已经走过了几百万年，人类文明也已经进入了互联网时代，但是我们的头脑依然停留在很原始的状态。我们需要明白一点，我们现在用来分析判断的大脑，并不是新时代的产物。它形成的时间甚至比石器时代还早。因此，我们的头脑策略更倾向于负面，倾向于忘记感恩，倾向于把那些不好的事情牢牢记住。

这也就不难理解，为什么他人为你做过许多事情，你不一定能记住。但是当有人伤害你或者说几句挖苦、讽刺你的话，甚至只是一个鄙夷的眼神，你都会牢牢记住很多年，甚至会形成创伤。这些负向的经验，在最初都是跟生存、战斗和逃跑相关联的。因此，当这些感知启动的时候，是不需要经过我们的大脑的，因为感知更加本能和原始。这也是为什么不少童年经历的心理创伤很难治愈的原因，或者说用普通的方法很难治愈。

曾经你被别人取笑过，有可能你会不自信很久。因此，那些不安全感会积累很久。有可能你曾经被一些小猫小狗吓到过或者被咬过，那么你后半生可能都会怕猫怕狗。与之类似，一些孩子害怕鬼怪也是这个原因。

你说你没有什么害怕的东西？或许你可以回想一下，曾经有人说你胖吗？说过你丑吗？

或许只是一句不经意的玩笑："你穿衣服居然要穿这么大码呀！"

这些你曾经听到过吗？

身材高挑在我们大多数人看来其实是个优点，但是对身高过高的小董来说并不是什么好事。

因为过高的身高，使她永远都被他人讨论，毕竟一个女生身高快两米并不是令人高兴的事。正是因为身高过高，导致小董每到一所学校都会成为大家讨论的中心，虽然这些讨论并不完全是嘲笑，可是小董却无法接受因为身高变成讨论中心的事实。

这种负向的经验和情绪被自己的神经系统锁定了,已经形成了一种模式。因此,我们需要更多地去做感恩练习。因为我们所认为的事实和我们头脑的策略是偏向于负面的,或者说是执着于负面的,所以你需要有一个理念上的认知,那就是你现在所认知到的大部分都是偏向于负面,或者容易偏向于负面的。

举个不恰当的例子,假如你开了一辆方向盘往右偏的车,驾驶着这辆车慢慢地偏离了车道是很正常的事。我们的头脑本能地、下意识地会过滤那些每天都在发生的美好的事情。但现在距离原始社会已经过了几百万年,我们需要刻意地练习和使用感恩。你也许偶尔会觉得父母对待你的方式过于暴力和冷漠,但是换个角度看,你会发现事实是截然不同的。

很多家长给孩子的学业压力非常大,孩子会感到不堪重负。

"我很想去死。"女儿经常对父母说出这样的话,这让父母很紧张,俩人为了女儿都不敢去外地,也放弃了自己的工作和晋升机会。这种例子其实很常见,你可以看看周围有没有孩子面临中考或高考的家庭,有不少父母都是牺牲了自己的工作来陪伴孩子。因为有了孩子,无论是刻意还是无心,父母其实都会让渡出自己的利益。

小严近期压力非常大,不知道是不是临近高考的原因,她不能看到父母在自己面前出现。这天,小严的母亲也只是很简单地问她要不要吃饭,结果被小严一顿数落地赶了出来。连小严自己都不明白会这么做的原因,更别提小严的母亲了。

我们可以分析一下他们的生活到底出了什么问题。

每天上学、放学,小严的父母都会准时地接送她,甚至午饭也不让她在外面吃,而小严完全接受不了这种所谓的"照顾",她下意识地觉得父母的这种举动是控制,但是父母拒绝沟通的行为又让她关闭了与父母沟通的通道。

我们也许会觉得小严确实是值得同情的,因为父母对她的控制欲太强了。

可是我们再来听听母亲是怎么说的吧。

小严一家并不是本地人,为了让女儿有更好的学习环境,小严的父母辞掉了市里的工作,来到这里,父亲找了一份不如市里的工作,但是好歹能养活一家人,母亲则专心在家陪伴孩子高考。

小严的父母付出了吗?可以说小严的父母为了小严的未来付出了一切,可是孩子却觉得受到了控制,自己的心里话被父母忽视,她只看到了恐惧与控制这些负面信息,完全没看到正面的信息。

我们站在上述例子中的女儿的角度来看,她体会到的是暴力、冷漠、控制。但是换个角度,这只是女儿执着于负面经验的原始大脑造成的。另外的正向的部分她选择视而不见,父母给她选了最好的学校,她选择忽略;父母为了她不去外地,她没有看见;父母留给了她更多的时间,她也没有看见;女儿的焦虑紧张,父母是极其害怕的,但是这些女儿都没有看见。

所以我们所认为的事实,包括我们曾经眼里的父母,其实未必都是真正的实相。也许有些人的父母在小时候打过他,对他使用了暴力。但是现在的你已经迈入而立、不惑之年,现在看来,父母打骂你的日子有几天呢?难道依然每天对你暴力相加吗?

我们会忽略很多的事实。其中最大的事实就是我们活下来了,父母把我们照顾大了,很多时候我们会忽略这些事实。如果你还活着,说明父母尽到了照顾、养育你的责任,这一切是值得去感恩的。

当我们感恩的时候,一方面我们的内在和父母之间爱的流动会变得更好,另外一方面我们会让自己的运气变得更好。因为我们通过感恩让负面的感知变得更加正向。吸引力法则告诉我们,感恩丰盛本身会吸引正向的能量,而那些匮乏和抱怨则会吸引伤害、背叛等负面能量。所以,如果你不愿意感恩,那只是你想要自己去当受害者。

曾经有人讲过,给我生命的是父母,养育我难道不是他们的责任吗?我没有选择来到这个世界上,我不满意家庭的状况,我的父母只是普通人,他们没有给我很多好处和机会。当我长大成人时，我发现他们有很多的缺陷，而我在他们的认知中永远是被控制的傀儡和附属品。可能是我冷血吧，但我真的不感谢他们。

难道这个人的生命中真的没有什么是值得感谢的吗？当然不是。但在他的眼里看见的只是那些缺点而已。我们首先需要对自己警惕，警惕我们的观点，警惕我们是否给自己的眼睛加上了负面的过滤镜。因为当你倾向于负面的思考以后，所有的后果最终还是会回归到你身上。

感恩并不是一堂思想品德课，它并没有充满正义的教条。感恩是给你的大脑一个机会，不要傻傻地抱着这个痛苦不放，给你自己一个解脱的路径和方法，跟你的父母与原生家庭和解，无论你愿意不愿意，都可以去使用感恩的练习。那些抱着"凭什么你要这样对我，为什么你没有钱，为什么你们不像其他人一样"的想法的人，只是想通过让彼此痛苦的方式，来给予他们惩罚的代价。在你的潜意识里，惩罚和报复是一种快感，是一种本能的快感，是一种可以让我们同归于尽、两败俱伤的策略。这种策略在某种程度上是有用的，比如说国家之间的战争与贸易冲突，都是采取报复与相互伤害的策略。但是对于你和原生家庭，对于你的父母，你不需要用这种策略。为什么不让这些在你的生命当中最重要的人都能过得好一点呢？

感恩是一种正向的心理活动，它可以让关系的双方得到滋养。所以在吸引力法则中，越富有的人越容易有钱，越穷的人越挣不到钱。凡有的还要加给他，叫他多余；没有的，连他所有的也要夺过来。这也就是我们为什么要多去使用感恩这种正向的能量的原因。你越是感激，越是珍惜美好，你的生活就会变得越美好。你越是觉得父母给了你很多的东西，你就越会收获到更多，你和他们的关系也就越会越密切。

伯图·乌沙莫老师曾经讲过，你从父母、养父母那里或者养育你的那些人那里得到了很多的东西，只是因为角度不同，我们通常都将这些遗忘了，因为我们觉得这些是理所应当的。一个婴儿来到世界上一定会下意识地去得到他所需要的，而满足他们的需要就是父母或者养育者的义务了。孩子一出生就哭，他希望身旁的人急切地跑到他身边照顾他。而他的父母也的确这么做了，所以孩子接受了照顾，又把它视作理所应当,好像自己有权利无条件地获得一般。但是换位思考一下,有一对年轻的夫妻,他们本来开心地居住在一起,本来过着两个人的日子,然后妻子怀孕了,生下了一个孩子。突然之间,他们的生活有变化了。如果你也是孩子的父母,你也有了孩子,你就会明白,当你们有了孩子以后,孩子是会有各种各样的需求的。无论你想不想要照顾他,他都会牵扯你大量的精力和能量。你需要为他付出时间,照顾他,陪他玩耍,关心他的冷暖,带他看病,等等。无论他们是有意地还是无意地做这些,毕竟他为你付出了这么多,这一切难道不值得去感恩和感激吗?感恩会把最大的丰盛带到我们的生命当中,因为感恩的状态是一种我已经拥有了的足够的状态,是一种快乐的状态。

那么我们究竟如何感恩呢?

一、寻找我们的感恩清单。

让我们通过不同的视角去搜寻一下,我们的头脑策略曾经忽略掉的、我们可以向父母说感恩的那些事情,他们给了我们生命,这值得感恩。他们养育了我们,关心了我们,陪伴了我们,付出了他们的时间、金钱。他们鼓励我们,担心我们，同时有时候因为担心而责骂我们。这所有的一切都是值得感恩的。

我们感恩因为父母选择生下我们，因此我们才可以看到这个世界。即使我们现在生活比较窘迫，我们仍然应该去感激他们。因为当我们足够努力时，仍然可以改变我们的现状。

二、接受父母的爱，拆分他们的行为和意图。

很多时候我们也知道父母爱我们，但是我们为什么不愿意去感激他们呢？因为我们觉得他们近乎控制的爱令人窒息。如何来处理这个问题呢？

父母对孩子的爱，很多时候会叠加上他们的焦虑、担心以及对未来的恐惧，这种爱受他们眼界的限制。因此，对于孩子来讲，这份爱并不一定非常愉快。

你可以闭上眼睛，想象你对父母说，亲爱的爸爸妈妈，我并不完全接受你们爱我的方式，但我可以完全接受并感恩你们爱我的意图。这是一句很深刻的话。你可以感受到他们那些令你窒息的方式的意图本身是没有被污染的。

你可以想象你看见他，告诉他，谢谢他爱你。你可以拒绝他们的这种行为方式，但是你接受他们的爱。当你知道你面前这个你讨厌的人，其实他的内在是那么爱你，这是很令人触动的一件事情。

例如刚才提到的案例，学业很紧张、压力大的女儿想死，父母觉得很紧张，甚至不敢去外地，也不敢升职，怕花掉自己更多的时间。有了孩子以后，无论是刻意还是自发的，父母都会让渡出自己的利益。这些当然需要去感恩，你可以感谢他们如此在乎你，感恩他们心里面有你。

也许父母不懂怎样照顾孩子，但他们仍然殚精竭虑、小心翼翼地在对待你。

在之前的例子中，小严的父母一句重话都不敢和小严讲，甚至每天看女儿的脸色行事。小严每天回到家脸色也不好看，关上房门，同时也关上自己沟通的大门，难道她是真的看不见父母的付出吗？她难道真的不懂感恩吗？

不同时代的人有着不同的价值观，有着不同的行为和认知，但是你需要知道，这对完全不理解、不了解、想要控制你的父母，他们是如此爱你，你可以把这个爱的意图百分百地留下。

你可以想象你从父母那里去接受他们给你的爱和礼物。你收下其中你需要的部分，通过双手接收并放在你的心里，做一个深呼吸，将其留在你的心里。

你可以说，谢谢你们，亲爱的爸爸妈妈，我把这份最珍贵的爱的意图已经留下了，这已经足够了。当你能够拆分行为和爱的意图的时候，你会获得释然和解放。

三、表达爱。

你可以闭上眼睛，对着你的父母表达那份爱的能量和连接。你可以说，你们是我的父母。虽然我对你们的行为也有很多的意见，有很多的不满和抗议，但是在我内在深处，我爱着你们。

爱超越了喜欢，爱是一种连接。你会发现父母的爱也是，但父母对孩子的爱，有的时候也会促使父母去打骂孩子。爱是超越喜欢的，是一种很深刻的连接。而喜欢更流于表面，喜欢更像是说你有怎样的优点，是怎样吸引我喜欢你。爱表达的是我们是在一起的，我们是相互连接的。

爱和荣耀相辅相成，说到了爱就不得不说荣耀。敬重和荣耀是比较细致的字眼。在武术比赛里，你会发现在正式对战之前，两个选手会彼此鞠躬。这是我看见你、我尊重你的意思。然后他们开始比赛，他们开始战斗，但是这份尊重是存在于斗争与比赛之前的。

荣耀比尊重的层次更深。荣耀的意思是你承担了你的命运，我以你为荣。我看见并尊重你们的命运。我承认你们的力量，我承认你们承担了很多了不起的事情，你们用自己的生命，用自己的策略，经历了人生。有可能在某些人的眼里，你们过得并不精彩，但是你们经历了自己的荣辱、悲伤、快乐、痛苦，我以你们为荣。因此，生而为人并不是容易的。

你可以去看见你的父母，敬重你的父母，以他们为荣。你可以闭上眼睛，想象你看见他们，告诉他们：你们经历了人生那么多的磨难、波折、痛苦，你们都过来了，我以你们为荣。我看见你们背后的力量，我荣耀你们的悲伤，荣耀你们的愤怒，荣耀你们的寂寞。你可以去看看在你父母的身上有哪些特质，你会以他们为荣，然后你可以慢慢地、敬重地给他们鞠个躬。你可以说，我将这一切留给你。

当你真正能够去荣耀父母的一切的时候，你会发现生命更大的真相和事实。你会发现那些曾经你看不起的人，那些你觉得并不精彩的人，其实他们都有各自的力量，有他们各自的勋章，有他们各自的荣耀，也有他们各自的尊严。

海林格说过，父母的关系与孩子无关，父母和孩子的关系是不能分割的，孩子要跟随父母，荣耀自己的父母。荣耀自己的父母，就像荣耀大地一般。

功课　寻找感恩清单

首先想一想，有什么是你可以感谢和感恩父母的，而这些感谢和感恩之前你在内在真正地去表达过吗？所以你可以先把感谢、感恩的清单列出来，有的人只能列出三五项，有的人可以列出二十几项，有的人可以列出五十几项，而有的人可以列出一百多项。如果你发现列这个清单非常困难，你可以尝试看一看在你的生命当中，不光是你的父母，在其他的方面，你是不是也是一个很难去表达感恩，很难去表达赞美的人？

你从感恩、感谢到爱到敬重，你的内在进一步地和你的父母连接在一起，让你们之间的连接达到一个新的高度。

尝试着想想，有什么是你可以感谢和感恩父母的。

列出你的感恩清单，包括但不限于父母给你的：生命、养育、关心、陪伴、付出、鼓励、牺牲、经济帮助、宠爱、期待……

你可以闭上眼睛一句句地从心里表达感恩。

然后在心里表达对他们的爱和连接。

在心里表达你对他们命运的敬重和荣耀。

本节重点

1. 明白头脑的负向倾向的策略
2. 找到可以感谢和感恩的一切
3. 表达对父母的感谢、感恩、荣耀

来自学员的疑问与成长心得

学员A：几天前，我还一直活在对妈妈的抱怨和愤恨中，虽然不生活在一个城市里，但是每时每刻都会想到她，她仿佛是我一切痛苦的化身，就像书里说的，越恨越连接，每天都生活得焦虑不安。现在，我慢慢接受了父母，交还了属于他们的东西，内心的感受竟变得如此畅快。昨天弟弟给我发妈妈的视频，我第一次看着妈妈涌现出了很多的爱。

学员B：阅读完这一节的内容，突然解开了关于我为什么会对婆婆产生怨恨的疑问，原来我小时候对父母有很多渴求，我也无意识地将这种渴求投射到公婆身上，但他们没有义务照顾我的孩子，我应该感谢他们没有干涉我的生活。其实这些都是我自身的问题，我应该感恩他们的"无情"，促进了我的成长。

第三部分
原生家庭相关的专题疗愈

第一节
原生家庭与亲密关系疗愈

当我们决定建立一段亲密关系的时候，往往会对对方有很多的渴望和向往。我们需要对方的原因往往源自我们内在受伤的部分，也就是内在的创伤。当两个人相遇的时候，会对对方有很多的期待，也会有很多很美好的想象。但每个人都带着原生家庭的烙印，只是我们看不见对方身上的信息。一对男女相遇了，其实他们是把两个家族系统的信息都带到了一起。

原生家庭对亲密关系同样会有很多的影响：

第一，伴侣们都会携带原生家庭的信息和烙印。

第二，原生家庭的不良记忆会导致我们对亲密关系的恐惧。

第三，我们会把父母关系和伴侣关系做投射。

第四，受到原生家庭的影响，男性和女性能量会错位。

第五，在婚姻或者伴侣关系里面，序位和界限混乱。

第六，一段关系中付出和收取无法平衡。

第七，每一段关系其实都需要被尊重。

第一，伴侣们都会携带原生家庭的信息和烙印。

我们每个人都有各自的家庭，有各自的系统，有各自的父母，有各自的经历，有各自认同的角色，有每个人原生家庭带来的价值观、情绪模式、行为信念、处事方式。但我们总是希望我们的伴侣是一个可以因为我改变的人。

我们经常可以看到这样的相处模式，两个人的三观不合，价值观不一样，可能一个人喜欢奢侈享受，一个人喜欢节俭。一个人喜欢聊天，另外一个人喜欢独处，不愿意与他人沟通。甚至两人的情绪模式也会有不同，导致他们无法去理解对方。当你去看一个人的父母之间的相处模式时，便可以判断出部分孩子在婚姻当中也会面临的问题。

因此，当我们携带了原生家庭的信息烙印以后，会对父母的婚姻模式也有复制和继承。

前文提到过强迫性重复，一些在童年被暴力对待的孩子，长大以后依然会选择有暴力倾向的伴侣，重复被虐待的命运。童年被抛弃的孩子长大后仍然容易去选择那些轻易会离自己而去的伴侣，哪怕伴侣本来是忠诚的，他也要制造种种矛盾，导致最后能够分手。因此，对童年父母之间相处模式的继承和复制，会导致自己重复父母的命运。有的父亲有很强的控制欲，要求妻子和孩子都听话，那么，儿子长大了以后也会成为一个控制欲很强的人。有的女孩子从小目睹了父亲或母亲出轨，等她长大以后也容易陷在这种三角关系里面。

我有一位姓陈的学员，经常和丈夫吵架，她的丈夫总是会被妻子突然的情绪爆发弄得不知所措。但是没过多久，当双方都冷静下来时，这位陈女士又会觉得刚才这种吵架的场景似曾相识，仔细回忆，原来刚才她说过的话，就是她母亲和父亲吵架时经常说的话。

陈女士想到这么多年来，因为母亲一直对自己的婚姻不满意，抱怨她的父亲没用，导致她的父亲总是想要逃避。

母亲这么做直接导致了陈女士的父亲以工作为由,经常晚回家,最后弄得家里面气氛非常冰冷。陈女士小小年纪就在心里暗暗发誓,以后一定不能像她妈一样,然而长大后的她本以为已经逃离了那个她不喜欢的原生家庭,却没想到自己和丈夫的关系居然也步了父母婚姻的后尘。

人生如同一个没有办法跳脱的轮回,是一种直接对父母婚姻的复制和继承。另外一种模式是双重的转移。比如说你的母亲经常抱怨你的父亲,所以孩子会把母亲对父亲的这种怨承接下来,然后把它投射在其他的地方,有可能投射在伴侣的身上,投射到上司的身上,或者投射在其他的朋友身上。

第二,原生家庭的不良记忆会导致我们对亲密关系的恐惧。

父母的婚姻失败,可能表现为打闹、离婚、出轨,如果父母不合的场景被孩子看见,会使孩子对婚姻关系产生恐惧。因为对这个孩子而言,家是很危险的地方。在他的记忆里，一个男人跟女人长久地生活在一起，会产生很大的冲突。对孩子而言，父母的冲突是灾难性的，越小的孩子越难理解这些冲突的真正含义，甚至会留下不可磨灭的印记，导致他对亲密关系产生最初的破坏性的印象。

当一个人经历了严重的心理创伤后，神经系统会出现失衡，这有可能是神经传导物质及肾上腺素等的变化引起的。因为失衡的关系，信息处理系统无法发挥最理想的功能，而该事件在当时所取得的资讯，包括影像、声音、情感以及感觉等，在神经系统中依然维持着困扰当时的状态。因此，以痛苦及刺激性的特定形式保留的原始事件，会被各种内在外在的刺激所诱发，并且以PTSD（创伤后应激障碍）显性症状表现出来。（弗朗辛·夏皮罗）

童年时期原生家庭的不良记忆，还会导致我们想要去介入并拯救父母的婚姻。

小光的爸爸在她上大学的时候出轨，离家出走了，并与出轨对象住在了一起。小光的父母总是为这些事情争吵，因为父亲背叛了母亲，小光的母亲很伤心，并且常常跟小光倾诉。

"你的爸爸根本没把我们放在心上!"

"你下次找你爸的时候一定记得把他带回来!"

诸如此类……

小光的母亲跟女儿倾诉着心里的痛苦,希望女儿站在自己这一边,劝说丈夫回心转意。她希望自己的孩子为她去教育自己的丈夫,甚至让女儿去找父亲的出轨对象算账。

这会形成怎样一种奇怪的动力呢?孩子想要拯救父母的婚姻,他们会认为父母的不幸婚姻有很大部分是因为自己。

在小光的例子中,女儿为了挽救父母的婚姻,整个大学时光一直在调和两个人的关系,一边安慰和保护妈妈,充当她的情绪垃圾桶,一边去指责父亲,试图把父亲挽留在家庭里面。但是这样做反而使情况变得更糟糕。

当故事继续演变的时候,作为孩子,最容易出现的问题,就是在自己的婚姻当中去重现这个故事。因为这满足了双重转移和强迫性重复,我们的头脑会在记忆里、潜意识里不断地去催生、吸引这样的情景,然后重复。我们的潜意识被锁定在这样的动力里，不断地通过这样的眼光和信念去解读和吸引同样的一类人，没有办法看见其他的人选，反而那些容易出问题的人会被你所看见，会被你吸引。

其实，孩子不需要知道那些关于父母亲密关系的事情，因为这跟他们无关。伴侣之间发生的事，别人也不能够去干涉，亲密关系之间的事情应该永远对其他人保密，否则会带来类似这种严重的后果。

如果父母不断地让孩子了解他们在关系当中的冲突、矛盾，对孩子而言其实是非常不幸的。

解决的方法其实很简单：退回自己的位置，尊重父母的婚姻，把属于他们的婚姻，他们的动力，他们的一切交还给他们。虽然换了一个主题，但是解决的方法都是相似的，因为这样你才更能深刻地体会什么是序位，什么是界线。

第三，我们会把父母关系和伴侣关系做投射。

1.想要得到我们在原生家庭中未得到的需要。

我们内在对爱很匮乏，总觉得这种爱会被夺走，总觉得我还不够好，总想要去跟别人比较。

例如我们在原生家庭当中没有得到足够的需要，或者我们来自一个没有安全感的家庭，我们便会想在配偶身上找到永恒的父爱、母爱的那种感觉。

例如我们没有得到过父母的肯定，我们便非常需要伴侣不停地夸奖我们、认同我们、赞美我们。想确认在他的心里只有我们一个人。在一段关系当中，他可能会假定很多对手，哪怕他的伴侣并没有其他的意中人，他也会找各种各样的人来和自己比较，然后判断在伴侣的心里自己到底有多重要。但是你的伴侣其实并不一定知道你心里的需求，哪怕知道他也没有办法完全理解或者接受其中一些偏执的要求。对你而言，这些需求是极其重要的，但对他而言，他会觉得非常苦恼。

2. 想让对方还像父母一样对待你。

有的人想让伴侣像父亲一样对待她、纵容她。但是，有可能对方也正在寻找、等待一个如父母般对待他的人。

我们经常看见，婚姻当中女性找了一个"妈宝男"老公。妈宝男在中国婚姻当中很常见，妈妈照顾孩子长大，但是结婚以后，失去了妈妈照顾的妈宝男需要妻子继续照顾他，更有甚者会把妈妈带进自己新的家庭来，带到自己的婚姻关系中来。对于妈宝男来说，他们婚姻的附属品是母亲。因此，他会把自己的原生家庭带到自己的现有家庭中，导致两个系统变得很混乱。而且，妈宝男大部分时候也没有办法处理好这两个系统融合的序位，因此，这个家庭系统中的婆婆跟媳妇会有大量的冲突。

还有另一种情况，在父亲的宠爱中长大的女性，会更希望找一个充满力量的、完美的男人，她们会希望这个男人永远宠爱她们，满足她们的各种需求，抚慰她们各种怪脾气、坏脾气。但结果你会发现，这些"爸爸的小公主们"总是很难找到理想的伴侣。对她们而言，自己的条件非常不错，没有人能够入她们的眼。当她们进入婚姻以后，付出跟收取没有办法平衡，必然会形成冲突。因为对她们而言，父亲是单方面地付出和宠爱她们，但是对伴侣而言，付出并不是单方面的，伴侣也需要达到付出和收取的平衡。

对于一个习惯做别人女儿的人而言，付出是一件痛苦的事情，她希望获得更多的保护和甜蜜。所以，如果一个男人还维持着儿子与妈妈的相处模式，一个女人还维持在女儿与爸爸的相处模式中时，他们之间的伴侣关系很难成熟。

3. 伴侣发现彼此关系糟糕，但是却无法分开。

在伴侣关系和亲密关系的这种混淆投射里面，还有一种情况就是伴侣发现他把对方当成了"父母"。

赵先生维持着一段对他来说很痛苦的关系，但是他却发现自己没有办法结束这段关系，他能感觉到自己没有对方就活不下去，哪怕停留在这段关系里，会感到痛苦和窒息。对他而言，好像始终无法迈出"分开"的那一步。

这是很值得我们思考的事情。在大多数情况下，这个人会下意识地把伴侣投射为父母，就像孩子们会愿意停留在一个受虐的家庭里，哪怕这是一个没有爱且充满冲突的家庭。

如果你是个孩童，你的父母三四十岁，家里整天都处于争吵的状态。你年纪很小，可能只有五六岁，那么离开这个家你能到哪儿去呢？你愿意去找他人做你的父母吗？不愿意。没有人能够当你的父母，哪怕他们对你好，可他们终究不是你的爸爸妈妈。

因此，哪怕是一个受虐的家庭，绝大部分的孩子还是愿意留在这个家庭中，因为家庭中有他的父亲和母亲，他们之间有很强烈的连接和忠诚。但当我们把父母关系和伴侣关系进行投射的时候，会产生一种错觉，觉得我们和伴侣是分不开的。

周女士对我说，她的老公和她一起相处了多年，虽然他们每天吵架、打架，老公又是赌博，又是喝酒，对周女士时而冷漠，时而讽刺挖苦，可以很明显地看出二人之间没有什么爱。但周女士却觉得不能离婚，不能没有这个家，想到分开，对她来说是一种莫大的恐惧。

有的人在失去伴侣的时候，或者觉得要和伴侣分开的时候，会有被抛弃的感觉，也会产生一种濒临死亡的恐惧。明明他根本不爱对方，明明这段关系相处得不好，但是当对方要分开的时候，他却会产生极大的恐惧。

这其实是一种孩子似的无助的反应，不是你现在体会到的，而是你孩童的时候体会到的。这种无助犹如被亲生父母抛弃一样，不管这个人的年纪多大，他对伴侣的依赖还处在孩子时的形式。

亲密关系是一种特殊的关系，亲密关系是可以结束的，它不像亲子关系是永远存在的。

那么，如何帮助一个人从一种不太美好的关系当中解脱呢？假设你对一位生活在一起很痛苦的伴侣说："没有你我也会活下去，没有我你也会活下去。"这句话对于摆脱儿童时期的投射是有帮助的。它的意思是让我们从一个幻象中解脱，从那种父母投射的童年的不安全感的恐惧当中解脱。

亲密关系不可能都是完美的结局，我们要灭除掉内心这样的幻想。有很多人学习心灵的疗愈和成长课程只是想去挽救一段关系。但是我们要知道，亲密关系是动态的，是在演变的，关系也是有生命的，同样也是可以结束、可以更换的。因此，苦苦耗尽一切来维系关系，就如同苦苦地想要去忠诚于自己的原生家庭。

你要理解对方，他的背后有他的原生家庭，有他的系统，有他的经历，有他的价值观，有他的情绪和行为的模式，他会因为你而改变吗？不一定。哪怕他做了再多不好的事情,哪怕他和你有再多矛盾,对一段关系来讲,其实都没有必然的对和错。你们双方相互做了选择,将这段关系经营成了现在的情况。这个时候如果要让一段关系从低谷重新回到好的状态,必须通过双方的努力。如果对方不愿意努力,他的思维、他的见解的维度和你不在一个高度,你单方面做任何事也未必有用。

任何关系都有它的起点,有它的生长,有它的终结。我们要去放下一种幻想——我学了很多东西,我的关系就一定会变得更好,我的亲密关系就一定能够拯救回来——这是一种天真的想法。

相反,我们要换成另外一种观点——我学到了很多,我可以经营好自己,也可以处理这些关系。也许我可以把亲密关系经营得更好,可能去选择一段新的关系或一种新的生活方式,使自己变得更好。

每个人都会为了自己或大部分人去做最佳的选择。有些人认为有了孩子后,会变得更愿意停留在婚姻中,如果做出了选择,那就不要抱怨,因为这是对自己来说最好的选择。世上没有完美的婚姻,也没有完美的亲密关系,你的婚姻和亲密关系也是如此。当我们期待自己的婚姻和关系有一些变化的时候，容易看到那些关系中的负面影响，导致我们更容易产生抱怨和不满。

相反，当我们认识到世上根本没有完美的婚姻，也没有完美的亲密关系，关系是开始生有结束的时候，再去看自己的伴侣，你可以和他说："亲爱的，我很珍惜我们这段关系。我很高兴我们的关系走到现在。我们的这段婚姻有我们共同的责任，有我们共同的义务，是我们两个人创造了它。这段婚姻并不完美，但是我接受。同时，我愿意感恩所有你给予我的，我感恩那些在我们关系当中创造的所有的美好体验。我也愿意贡献我自己，让我们的关系变得更加美好，无论我们的关系会持续多久，我都会倾尽全力去经营它。"

第四，受到原生家庭的影响，男性和女性能量的错位。

曾有人讲过，爱一个女人，男人需要离开他的父母，忠于他的妻子，使夫妻两人变成命运共同体。

所以，为了伴侣之间的爱，我们必须放弃最原始、最亲密的曾经对父亲母亲的依赖。一个男人只有在摆脱了对母亲的感情依附以后,才能全情地投入亲密关系之中,成为独立的男人。一个女人也必须摆脱曾经对父亲的依附,才能把自己完整地交给伴侣,变成一个成熟的女性。

男孩在早期主要受母亲的影响,我们需要让孩子突破这种影响,使他慢慢地能够去和他的父亲连接,让他从父亲身上获取男性的能量。女孩也是一样,一个女孩如果从小都处在父亲的影响下,做备受父亲关爱的乖女儿、小公主,那么,她很可能将来成为其他人的情人,没有办法成为一个完全成熟的女性。一个女孩要成为一个成熟的女人,她也必须离开生命当中的第一个男人——她的父亲,回到她母亲的身边,从她的母亲那里接收女性的能量。

因此,伴侣需要放弃对异性父母的爱,这种放弃并不是让你去憎恨,而是让你更倾向于站在你同性的父母这边。

我们可以尝试跟同性的祖先连接。你可以闭上眼睛,想象你看见你的伴侣。如果你是女士,你可以想象你跟你的父亲肩并肩站着,对面站着你的丈夫,他和他的妈妈肩并肩站着。如果你是男士,你可以想象你和你的母亲肩并肩站着,对面站着你的妻子,她和她的父亲肩并肩站着。

首先感觉一下，你和你的异性父母站在一起，对面是你的伴侣和她的异性父母，这是一种怎样的感受。感觉一下此时你和你的伴侣之间亲密关系的连接程度是怎样的？然后转换想象的情景，假设在你的背后是你同性的父母，如果你是位女士，想象在你的背后站着你的妈妈，对面是你的丈夫，他的背后站着他的父亲。如果你是男士，想象你的背后站着你的父亲，对面是你的妻子，她背后站着她的母亲。

感觉一下这两种不同的排列方式，你与伴侣之间亲密关系的程度是不是有很大的不同。可能你会发现你的男性或者女性能量都明显地增强了。这个简单的内在的示范，呈现出男性和女性需要什么样的力量才能够创造出持久的关系。

男人需要放弃和母亲的亲近，走近自己的父亲。女人需要放弃跟父亲的亲近，转而更亲近自己的母亲。这并不是指我们不接纳父母，而是指在我们内在的能量里，我们需要更多地去和我们同性的父母连接，从他（她）的身上获取怎样做一个男人或女人的方法。但是对于爱，你当然可以同时去爱他们两个人。

第五,在婚姻或者伴侣关系里面,序位和界限的混乱。

李女士虽然已经50多岁了,但她始终意识不到她的儿子已经结婚成家,她总感觉儿媳妇是来跟她抢夺爱、抢夺自己的儿子的。

"儿子是我的,凭什么要我儿子早起陪媳妇跑步,害得儿子早饭都吃不好。"李女士说出了她对儿媳妇的不满。这是一种很奇怪的心理,也是一种越过了序位的心理。

在亲密关系里面,我们仍然需要关注序位和界限。我们需要明白,新的家庭或现有家庭比原生家庭更优先。想象一下,如果一对夫妻和公公婆婆住在一起,但是这个丈夫恰好是个妈宝男,那么在这个家庭里面谁最强势,谁说话最有分量呢?一般会是婆婆,在这个家庭序位中,婆婆排第一。也许婆婆会非常宠爱她的孙子,所以可能孙子在这个序位中排第二,儿子排第三,公公排第四,媳妇排第五。

毫无疑问,在家庭当中的这种排序方式必然会引起混乱,因为它没有遵照新系统优先的原则。婆婆想要掌控家里的一切，掌控他的儿子、孙子，还有她的丈夫，她通过掌控儿子和孙子来满足自己内在的控制欲。那么大量的冲突会集中在婆婆和儿媳妇这两个女人之间，逐渐变成一种争夺，争夺话语权，争夺归属权，争夺自己的伴侣，争夺自己的孩子。

所有的冲突都是因为序位出了问题，序位代表着权力格局，代表着权力的优先级。就像一个公司一样，总经理优先，副总经理其次，接着是事业部经理，等等，这样一层层往下排序。

根据新系统优先的原则，我们重新排列这个家庭的序位。首先，确定新系统。新系统包含丈夫、妻子和孩子。这个系统优先，在这个系统里面，首先应该是丈夫、妻子、孩子这样的顺序，然后再是老系统。所以，如果两个家庭住在一起，优先顺序应该是：丈夫、妻子、孩子、公公、婆婆。

我们可以看到这两个序位的排列是截然不同的。在第二个序位中，丈夫和妻子必须成为家庭里面的主导者，也就是最具有话语权的人。所有的重大的决策是需要他们决定的。那公公婆婆为什么会在这个家庭系统中呢？因为他们可以照顾孩子,但他们并不应该成为家庭序位中优先的人。

因此,如果产生了矛盾,家庭中的丈夫应该出面去调停、去解决。同理,如果这家人是跟丈母娘和丈人住在一起,产生的冲突则需要妻子去调停,也就是说,谁的家庭就需要谁去处理,权力的优先级别是属于这对夫妻的。

我们应该牢记新系统优先。新系统优先的序位只要一发生混乱,就会看见无数演绎类似婆媳大战的案例,以及家庭中争夺孩子养育权的案例。许多妈妈都因此而无法承受,有的甚至想要带着孩子离家出走。她们没有办法在家里拥有主动权和决定权,无论是关于孩子的抚养问题,还是经济问题。

序位对于一个家庭是最重要的。实现这些序位排列则需要夫妻二人共同努力。首先夫妻二人要达成一致,共同确定一个方法,共同出面维持你们的权力格局。在家庭中,特别是在混居的家庭中,第一位的就是权力格局,权力格局一旦混乱,其他都会跟着变得混乱。

在序位里面的第二也就是夫妻关系优先,也就是夫妻关系优于亲子关系,我们下一节着重分析亲子关系。

在序位里面的第三是新的关系优先，但也需要去承认和敬重前任伴侣。不少再婚家庭总是面对着处理现任伴侣和前任伴侣关系的问题，这种时候，我们在坚持新的关系优先的同时，也要尊重之前的伴侣，同时，你的伴侣也需要尊重对方曾经的伴侣。

这种方式其实是最容易、最简单的，否则在新的关系里面，会造成很多归属、序位上的问题。

第六，一段关系中付出和收取无法平衡。

在亲密关系当中，我们为了达到平衡，需要去调节付出和收取的关系。最简单的方法就是当对方为你做了某些事情时，你就需要去为她做得更多，或者你给予他很多的认同、感谢和赞美。给对方认同、感谢和赞美也是一种付出。

当对方伤害了你该怎么办？你也必须去做某些事情去"伤害"他，但是"伤害"的要稍微少一点。当对方为你付出一些的时候，你给出去的要更多；当对方伤害你的时候，你还回去要少一点。

在关系里面最容易出现付出和收取的不平衡。那么，可能出现在哪里呢?

第一种情况是,有的人只想不断地收取,但却不愿意付出,甚至不愿意给出认同、感谢和赞美。对方当然会感到愤怒。

第二种情况是,对方深深地伤害了你,也许是出轨,也许是更严重的感情伤害。但他自己的伴侣并不愿意去惩罚他,还一次次地原谅他。如果没有给予惩罚,相当于没有犯错的人,拥有权威性和道德正义感,始终抓着这个把柄,觉得自己处在那种道德的高地上。当你选择不伤害回去的时候,清白的人比犯错的人更高人一等,两个人的平衡就被打破了。如果一方做了不好的事,另外一方也应该相应地去"伤害"回去,但是比他给你的少一点,因为我们需要让他付出代价,他才会觉得这件事情结束了,自己已经付出代价了。只有这样两个人才可以从新的起点上继续向前。

第七,每一段关系其实都需要被尊重。

首先,我们需要认同我们的伴侣之前的伴侣,要去尊重他,尊重他们曾经有过的经历。我们也可以想象对他们说:

"你们是先遇到,我尊重你们曾经的关系,你们曾经的开始和结束,我都会尊重。"

其次,每一段关系都需要完结。

你需要在你的内心完结跟前任的关系,否则在你的内在始终有部分能量还和你的初恋、你的上一段、你的前妻或前夫连接在一起,你现在的伴侣没有办法收取到你完整的能量,他的内在会产生很大的愤怒,你们之间的关系会变得冷淡。

完结的方法包括以下几种:

1. 想象这个伴侣就在你面前,你承认他在你们过去的故事里面的位置并对他说:"你曾经是我的伴侣,但是现在,这段关系已经结束了。"

2. 你可以表达感谢:感谢你曾经带给我的那些美好的经历,你可以将这些经历留下,这也是我带给你的礼物。

3. 我们关系的结束,有我们各自的责任,这些责任我们各自承担。作为曾经的伴侣,我的心里面也有你的位置。

4. 现在这段关系已经结束了,我要把投射在你身上的能量收取回来。

5. 你可以给他祝福,也可以请他给你祝福。

在系统排列里面，大体的顺序、原理都类似。就是去区分，去认同，去给对方归属和位置。在亲密关系的完结里也是如此，你首先要认同对方曾经的这个位置，也认同对方现在所占据的位置是前任伴侣，有可能是前妻、前夫的位置，等等。他的位置不会变，不会因为一段关系的结束而被删除和改变，就像你曾经的伴侣的存在一般，他们的位置永远在，这叫归属。

当你承认归属以后，需要区分双方的责任。双方的责任意味着，这段关系结束后，双方各自的责任各自承担，这是一种界限。你可以去表达感谢和祝福。最后再表达完结，把投射的剩余的能量收回来。

当你真正能够理解家庭系统排列的原理的时候，你会发现处理这些问题都是非常干净利落的。

本节重点

1. 原生家庭对亲密关系的影响

2. 如何清理自己的亲密关系

3. 男性和女性能量

来自学员疑问和成长心得

学员A：我们学习原生家庭的疗愈，了解系统排列的施与受的平衡法则，了解命运的能量流动，最终就是要有一个清醒的认识，有些我们可以要，有些不能要。已经要了或被动接受的，我们要把它们当作垃圾一样扔掉，知道自己不能要的要毫不留情地拒绝。对于我们的后代，我们也要慎重地要求和给予，很多时候我们以为给的是爱，其实可能对方根本不想要你那样的爱。

学员B：最近跟妈妈打电话变得更加冷静了。以前跟妈妈的聊天模式是没有界限的，会把自己内心深处的想法都和盘托出，包括七大姑八大姨、朋友、同事、闺蜜的事，工作上的事，公公婆婆的事，老公孩子的事，而且很多时候会因为聊天而把思维模式调整得跟妈妈一个频率，妈妈因为怕我吃亏，会表现得比较负面，我也会跟着比较负面……但实际上这并不是我真实的状态。最近，我不再这样做了。妈妈说到负面的事情，我就轻易带过，聊一些开心的事。我发现，妈妈没有因此觉得我不好。可能这也算是控制好边界的一个案例吧，自己内心树立好清晰的界限，别人自然就不会轻易来打扰你。

学员C：我跟母亲有类似的婚姻模式。母亲总说父亲家人不会处理人际关系，不会为人处事，父亲每周回来一次时，母亲总是在家吵闹不停。她总觉得很委屈，导致现在我也会觉得是因为我不够好，没有自信。而我在自己的婚姻中，因为对自己没有自信，总是挑老公的不好，在潜意识中看不上老公。曾经对老公总是指责、批评，后来感觉这样不行，家庭里不和谐，夫妻俩总是冷战，两败俱伤。于是我开始学习反思自己，改变对老公的态度和看法。用一种欣赏的眼光看老公，用欣赏的眼光看孩子，婚姻逐渐变得和谐了很多。

第二节
原生家庭和亲子关系

许多人接触心理学和个人成长的出发点其实是因为发现孩子出现了问题,由于亲子关系当中出现了某种障碍,所以才开始了解如何维持亲子关系使其处在一种和谐稳定且积极的状态之中,但亲子关系的背后也是有原则和禁忌的。在这一节会梳理一些特殊的亲子关系的处理方法,包括离婚、再婚、领养孩子,等等。

第一,亲密关系优于亲子关系。

一个家庭中是先有了夫妻关系,然后才会有亲子关系。我们很容易认为孩子最重要,将孩子看得比我们更重要,其实并不是。我们处在同一个系统里面,先来的人有优先权,所以夫妻关系要优于亲子关系。当夫妻关系没有得到尊重的时候，亲子关系往往也不能得到良性的发展。

很多人尤其是女性在有了孩子以后，往往容易忽略伴侣，把所有的爱都投注到孩子身上，这是很危险的。这种做法对伴侣和孩子甚至是你们的夫妻关系伤害都会很大。夫妻双方有一方过于关注孩子的时候，就会冷落了另一方，这也就是一个家庭里面最容易出现危机的时候，例如婚外情。同样，当一个孩子成为家长过度关注的重心，那么，家长无形中也会把对伴侣的期待，施加给孩子。

吴女士是一个男孩的母亲，跟所有的妈妈一样，她平时也很关注自己的儿子，甚至无形当中会把儿子当成丈夫。有很多情绪本来是应该对丈夫倾诉的，例如委屈和认同，但是她会把这些都投射到孩子身上，对孩子倾诉自己所有的情绪，于是矛盾就出现了，孩子看到父母的这种行为会感觉到很惊讶，他不理解父母的行为，吴女士反而会觉得很委屈，作为母亲她觉得孩子没有理解她，没有认同她，没有看见她的付出。

造成这些情况的原因其实就是夫妻关系和亲子关系的错位。更有甚者,当这种关系已经出现错位时,父母中的一方还会让孩子在他们的关系冲突当中进行选择。

还有一种情况是,父母觉得需要把所有的爱都给孩子,这也是危险的。这给了孩子一个错误的信号,那就是他最重要,他可以控制一切。其实,对孩子而言,父母关系的和谐是他们健康成长的坚实基础。

可以想象一下,如果你是一个孩子,你的父母对你来说就像天一样,如果他们的关系很好,在天空下生活的你会很放松。所以,亲密关系稳定是最重要的。稳定意味着孩子能够放松地成为孩子,他不需要跨越自己的身份,不需要去介入你们的婚姻,不需要担心你们能不能够长久地在一起。因此,如果一个家庭很稳定,父母很恩爱的话,对孩子而言,他会有很强的安全感。

另一方面,孩子也会学习父母之间的相处模式。如果你经常关注自己的亲密关系,在孩子面前也表现出来你们是一对很和谐、很愉快、很恩爱的伴侣,那么在未来,当你的孩子进入婚姻的时候,也会很喜欢家庭生活,也会很喜欢融入家庭,也会很喜欢和他的伴侣相处,因为他无形当中已经学习到了这样的模式。

第二,孩子不能够介入父母的婚姻。

孩子不介入父母的婚姻意味着孩子不需要知道父母婚姻之间的私事。父母之间吵架了,不要去找孩子抱怨,这会让他产生困惑和压力,会让他觉得这是需要他去解决的事情。这会让孩子有一种感觉——父母解决不了这个问题,现在来找他,仿佛需要他解决。这对孩子而言是一种很大的困扰。

同样,孩子也不能去干预父母的婚姻,包括父母的外遇、离婚和再婚。但有时父母会利用孩子的这种想要表达、想要干预的内疚去控制孩子。例如他们会说:"我们不离婚都是为了你。""你的父亲真的不是好人。"仿佛这段婚姻的代价是需要孩子来偿还的。

如果这种内疚需要孩子来承担,孩子会有罪恶感,会对他的人生产生非常不利的影响。父母向孩子讲述他们关系中的不幸,会对孩子产生非常不好的影响。

所以,如果夫妻二人有矛盾的话,你需要让你的孩子知道:"我和你的爸爸(或妈妈)观点有所不同,这是我们两个人之间的事情,我会和他处理的,我会跟他商量的,这跟你没有关系。哪怕我们两个人吵架,我们两个人也很爱你。"你需要让孩子退出你们的婚姻斗争。

第三,不要在孩子面前诋毁你的伴侣。

这一点是非常重要的!正如前面所讲,孩子永远同时忠诚于父母双方,你越诋毁你的伴侣,孩子反而会越向着他。哪怕你很讨厌你的伴侣,也不要在孩子面前诋毁他。原因很简单,孩子需要从内在同时表达对父母两个人的连接。

你可以想象,如果吵架的时候有人指责、侮辱、攻击你的父母,你会愤怒,你会下意识地说,那是我的父母,跟你没有关系。同样,父母的一方也不需要在孩子面前去诋毁另外一方,因为那是孩子们的父母,他们对父母也有自己的看法。你的伴侣的好坏,别人无权来干涉或者评价。

第四,让孩子在一定的年纪能够到他同性父母的怀抱里。

如同上一节说到的，男孩要回归父亲，女孩要回归母亲，这需要你在孩子的面前多去赞扬那个和他同性的父母。这样，他们会更以自己的同性的父母为荣。

第五，你需要尊重伴侣的前任伴侣。

有个很奇怪的现象是，很多时候，孩子们会无意识地去认同伴侣的前任伴侣。

举个例子，有对夫妻有两个孩子，父亲从小就很疼爱这两个孩子，亲子关系之间也没有什么大问题。但是不知道什么原因，大女儿总是跟父亲相处不好，对父亲有一种莫名的愤怒，甚至怨恨。他们也做了很多的沟通咨询，但觉得只是处理了表面上的问题。

后来，在家庭系统排列当中才发现，原来女儿认同了他父亲已经分手的前女友的情绪。因为当初的分手对那个女人很不公平，而且对她造成了伤害。女儿认同了那位女性的情感，因此会对父亲有抵触的情绪。应对这种情绪最简单的方法，就是伴侣各自要去看见你自己的前任伴侣，去完结掉这些关系。这样，在系统里面就不会有一个被排斥的人，我们的孩子也不需要去认同他们。

第六,当新的孩子出生时,要注意爱的分配。

举例说,一对夫妻之前只有一个孩子,对孩子而言他是百分之百的。但是现在,他突然有了一个弟弟或者妹妹,他并不能像一个成人一样去理解,我有了一个弟弟或者妹妹,但是爸爸妈妈还是我的爸爸妈妈。他们不会这样理解。

当妈妈开始怀上弟弟或者妹妹的时候,他突然会发现家里面的关注点和情绪能量开始转移了。所有的人都开始热烈地讨论新的小宝宝,在迎接新的小宝宝的到来。他的父母开始频繁地去医院,开始为新的孩子添置衣服等生活用品。等到孩子出生了,所有的人包括外公、外婆、爷爷、奶奶都围着新成员开始转。

对于第一个孩子而言,原来所有的爱是他的,原来所有的人都围着他,但是突然所有的爱都消失了,所有人的关注点都转移到其他地方去了。这不是一种简单的头脑里面的不平衡,这是内心很深很深的一种恐惧!这不是成人世界中的想法"给你多一个弟弟或妹妹不是挺好""恭喜你,你要当哥哥了"。如果你处理不好新生孩子的事情，对第一个孩子而言是一种灾难。

尤其是当你的第一胎是个女儿，第二胎正好是儿子的时候，对女儿而言，弟弟的出生仿佛是一种巨大的灾难。成年人很难理解这一点，他认为这两个都是我的孩子，没有什么好计较的。但其实不是。对孩子而言，哪怕他只有五岁、六岁，在他的生活里，他是家庭的中心，是爱的中心，现在这个中心怎么可以去别的地方呢？

举个不恰当的例子，就如同原来你把你的伴侣当成一切的中心，突然有一天，他告诉你，要再带一个爱人回来一样，你会感到莫名的惊恐和委屈。

怎样处理这种孩子对失去爱的恐惧呢？家长需要给第一个孩子更多的荣誉感、赞赏、参与感，让他觉得他现在可以参与到弟弟妹妹的生活中去，他可以去管教、约束弟弟妹妹，让他更加有荣耀感。要让他感觉到，给他的爱没有少，反而多了更多的荣耀，因为他更加有权利，他更加能够在弟弟妹妹面前做表率，你们也会给他更多的爱。

你可以和他一起做这样的练习，点两根蜡烛，告诉他这两根蜡烛就是爸爸和妈妈之间的爱,原来只有一个人,后来两个人相互点燃就变成两个蜡烛,变成两个人一起承担,但是蜡烛的火光并没有变少,而是从一个变成了两个。当这个家庭由两个人变成三个人,就像两个蜡烛再点燃了一根新的蜡烛。当有了新的孩子出生,父母用同样的爱,去点燃新的蜡烛,所有的蜡烛都燃烧着,但是所有的爱并没有减少,要让他们明白我可以百分百地爱你,我也可以百分百地爱其他的孩子,但是对于你的爱并不会的减少。你需要让孩子明白,对他而言,他依旧还可以获得父母百分之百的关注和爱。

第七,留意那些语言和肢体的暴力。

前几节已经讲过,语言和肢体的暴力对于幼小的孩子来说,影响是非常大的。对他而言,这种暴力不光是一种惩罚和管教,更有可能是一种创伤。他会停留在创伤的状态,以后遇到类似的情境时,都会受到影响。

第八,留意那些可能出现的亲子中断。

现在的父母都比较忙，有可能孩子出生后没有时间照顾他们，有些父母会选择让自己的亲戚朋友去帮忙照顾孩子。但是我们要明白，孩子并不只是养活就好，亲子中断会引起重大的创伤，并且有可能导致亲子关系很难修复。

每一个孩子一出生都渴望和他的父母在一起，这是一种本能。想象一下，一个婴儿刚出生时本来躺在爸爸妈妈的怀抱里，突然要经历分离，去一个陌生的家庭中，如果是你，你愿意吗？你愿意去跟那些你不熟悉的人在一起吗？可能没有人愿意。

也有一种可能是父母离婚，想把孩子送到别的地方抚养，例如给爷爷奶奶或者保姆照顾。这种情况下，孩子会经历到情感上的伤害，他会觉得孤单，觉得被抛弃，因为他觉得自己是不重要的。

有了这种经历以后，孩子有可能会对父母信任缺失，没有办法跟随本能接近父母。亲子中断是一件值得关注的事情。

我们经常说，在0到6岁之间，最好是父母自己带孩子，陪伴孩子。如果真的要找人帮忙抚养，最好的方式就是所有的人住在一起，让孩子知道父母都在，让他心里有安全感。

我们设身处地思考一下，过年期间让你每天都住在亲戚家里，你可能都会觉得不舒服，更别说让他们养育你了。当然有的人很喜欢外公外婆、爷爷奶奶家的环境，很思念他们，因为这些长辈对他很好。这当然是一个不错的经历。但是，这还是赶不上他在自己的原生家庭中和父母相处更好。

第九，亲子之爱是唯一指向分离的爱。

动物在养育、繁衍了后代以后，最终都是让孩子与自己分离的。让孩子离开原来的家，让他们独立，有的动物可能一出生就要面对大自然。人类的父母和孩子相处的时间比动物长许多，但是亲子的爱也是面向分离，也是面向成长。

成长意味着在空间和精神上最终是要分开的。你养育了孩子，但是并不意味着你就能永远地控制他，你要让他学会为自己做决定。你不要试图和他们永远在一起。你生下孩子的目的并不是让这个孩子来娱乐你或者帮你养老。你生下他是因为你是父母，他能够成为他自己。如果父母借爱的名义强迫孩子跟他捆绑在一起，虽然这在亲子关系当中是最常见的，但这种控制欲会把孩子毁掉。我们需要明白我们现在抚养这个孩子，关心这个孩子，照顾这个孩子，唯一的目的就是让他变成一个和我们不一样的、独立的人。

有一天，你的孩子能够变成一个和你完全不同的人，能够有他自己的命运，自己的喜好，自己的主见，自己的成功和失败，这才是你的荣耀。很多父母会有强烈的不安全感和恐惧感，总是担心孩子吃苦怎么办？失败怎么办？父母需要经常留意自己那只伸出去的手，那只想要去干涉、帮一把、指导一下的手。父母应该学会在安全范围内，看着你的孩子犯错，自己去学习，成为他自己，这是非常重要的。

特殊情况的处理

第一，离婚和单亲家庭。

婚姻是夫妻之间自己的事情，我们不需要让孩子参与进来。因此，一旦关系结束了，要分开了，决定离婚了，每个伴侣必须要敬重另外一方，尤其是有孩子的伴侣。

你可以告诉你的孩子："我和你的爸爸（或者妈妈）分开了，我们不住在一起了，我们自己会处理好我们的事情，你只是个孩子,你还同时拥有我们两个人,我们之间夫妻的关系结束了,但是我们两个仍然是你的父亲和母亲。"必须要让孩子明白父亲和母亲的关系是永远不会中断的。只是两个人没有住在一起,那是父母两个人的事,不是孩子的事情。因此,离婚是亲密关系的结束,但不是父母和孩子关系的结束。

与此同时,不要去诋毁离异的伴侣。诋毁离异的伴侣对于孩子的伤害是巨大的。父母本来是一体的,现在不但分开了,还反目成仇,这对孩子的内在而言,是一种三观上的垮塌。就像本来是应该很恩爱的、一起保护你的人,现在开始反目成仇了,孩子内在的所有的安全感都坍塌了,家庭也瓦解了,家庭里的这些人的面目也变得狰狞了,他们开始互相争斗了。这对孩子来说难道不是一种巨大的伤害吗?

离异的伴侣都需要变得更加成熟,在孩子面前需要恢复成父母的样子,履行各自的职责。虽然你们不住在一起了,但是也需要有周期性地用父母的方式和孩子一起共处。你们两个离婚了,这是事实。但是作为孩子的亲生父母,你们还有抚养他的义务,两个离婚的人站在孩子面前,父亲和母亲的角色在他的眼里没有变,只是你们的亲密关系结束了。作为父母的职责,父母的角色、父母的位置,是不会因为婚姻的变化而发生变化的。

最好的方式就是你们以一定的形式经常能够在一起,比如说三个人有一些共度的时光,让孩子真的感觉到我仍然是有父母的,只是你们各自的生活发生了变化,你们有了新的选择。

那么,还有一个面临的问题就是,在监护权上,孩子应该跟着谁呢?

海林格曾说过,孩子应该跟着经常表扬伴侣的那个人。比如说妈妈经常在孩子面前夸父亲,那么孩子跟着妈妈比较好。如果父亲经常在孩子面前夸奖他的母亲,那孩子跟父亲会比较好。

对单亲家庭而言,抚养孩子的人需要在孩子面前表现得更加快乐、轻松和有力量,这一点非常重要,但却是容易被很多单亲父母所忽视的。因为大多数单亲家庭的父母更倾向于表达出可怜,他们时常会抱怨:"你看只有我跟你在一起,那个没良心的父亲/母亲,是他/她把你扔掉的。"不仅如此，还要不停地强调自己生活的苦楚。这对孩子而言会产生很多影响，孩子很有可能因为想要认同，想要替你分担而牺牲自己。这种做法对亲子关系而言，并没有任何的帮助，最终你爱的孩子的命运会因此而更加波折。

第二，再婚家庭。

对于那些再婚且带着前任孩子的家庭，则需要明白，首先，孩子一半来自父亲，另一半来自母亲。孩子是同时认同于他自己的亲生父亲和亲生母亲的。因此，在一个再婚家庭里面，需要很小心地去尊重孩子的亲生父亲和亲生母亲。你对他而言是继父或者继母，你需要尊重他的亲生父母，不要强迫他用父亲或母亲的名义来称呼你。

在一个再婚的家庭里，根据新系统优先的法则，后来出生的孩子是更优先的，同时，之前带来的孩子需要更被尊重。因此，你不能因为带了孩子来，然后在新的家庭里面生了孩子，就觉得内疚，把自己新的系统的孩子排在后面。因为新系统更优先，且之前孩子让渡出了他们自己的家庭位置，所以之前带来的孩子更加需要被看见和尊重。再婚的家庭需要更加细致和小心。

第三,私生子。

婚外情的情况下有了孩子,其实意味着一个新的系统已经产生了,原则上讲,之前的关系就应该结束了,所以是新的系统优先。但有的时候,男人会无法做出抉择,或者女人会在选择中迷茫,这就会导致一个问题:后面出生的孩子在系统里面没有位置,因为他是私生子。你可以想象,一个男人在外面有了私生子,他的情人该怎么介绍这个孩子的父亲呢?她说他的爸爸是谁呢?她没法说,而且她对自己的孩子也很难交代。

我看到过很多的案例,有的时候,她们骗这个孩子说你父亲已经去世了,或者重新给孩子找一个父亲,也就是找其他人冒充孩子的父亲,或者骗孩子说经常来看他的这个人是叔叔,其实是他的爸爸,结果孩子管他的亲生父亲叫叔叔,等等。对孩子而言,这都是很可怕的错乱,并没有我们想象的那么简单。

我还遇到过一个很极端的例子。有一个女人,她的爸爸有了私生子，但是他没有办法把私生子带回来，他就让他的女儿把私生子带回来，因此，这个孩子需要叫他的女儿为妈妈，叫他自己的亲生父亲为外公。他们家里面的序位就全乱了。

我们想要让自己变得更加简单和安全，必须要明确系统的原则，该了断的要了断，该面对的要面对，该斩断的要斩断，该完结的要完结。否则，这个孩子在系统里面没有位置，当他长大了以后，混乱的序位也会影响到更多方面，导致更加严重的后果。

婚外私生子的产生意味着这个孩子的父母其实并没有结婚，没有结婚证。所以，一系列的问题都会导致孩子成为系统里面被排斥的那个人。相反，最简单的处理方法，就是你解除之前的这段婚姻关系，与现任离婚，再与新人结婚。当然这只是理论上的说法，并不支持大家这样处理每一段感情。离婚了以后，之前的关系里面的所有的人，都是有位置有名分的，或许是前夫／父亲，或许是前妻／母亲。新的这段关系也有名分，是现在的婚姻、现在的孩子。所以，从系统的原则来讲，先后顺序和归属都被解决了。有的人甚至会有多段关系，那也没有关系，两段关系中的人都是前妻/前夫，都是之前的孩子，所有的人在系统里面也都有他恰如其分的位置。

这是你必须去经历和面对的。那么为什么在婚外情的情况下，很多人不愿意这样处理，尤其是对私生子？是因为他对前面那段关系有愧疚感。前面的人没有犯错，她有清白感，没有惩罚他，甚至接纳了他。这种愧疚感让伤害者无法再做出伤害被害者的事情。实际上，他对这段婚外情的关系也有内疚感。这个情人为这段关系也付出了很多，在外面带着孩子却什么名分都没有，这种关系对一个人来讲也是一种莫大的痛苦。两种痛苦和内疚来回折磨他。因此，对于当事人来说，最简单的方式就是承担起该承担的痛苦和伤害，明白序位和选择。简单来说就是要了断，生活中没有两全其美的事情。你已经做了这样的选择，有了这样的行为，不可能两全其美。肯定有人会受伤害，这是没有办法的事情。该完结的要完结掉，否则只可能带来更大的麻烦。

第四，领养孩子。

如果一个孩子不能由他的父母抚养大，最好的领养人就是他的亲戚，比如说外公外婆、爷爷奶奶，然后是父母的兄弟姐妹，不要把孩子送给其他人去领养，也尽量不要去领养其他人的孩子。因为领养的孩子跟你没有血缘关系，跟你不是一个家庭系统，你硬生生地把孩子带到你家来，使他变成你自己的孩子，等于抢夺了别人的孩子。同时，大部分人会对领养来的孩子，保密他亲生父母的信息，会让孩子叫自己爸爸和妈妈。这种做法相当于你夺取了别人的孩子，甚至有可能这个孩子是通过某种交易得到的或者别人送给你的。这本身就携带了对生命的不公平、不尊重、不平衡。因此，领养需要极度小心。

海林格曾经讲过，如果你不谨慎，领养会给自己的家庭带来很多的问题。你会发现领养的孩子，始终有一种莫名其妙的动力想要去追随自己的亲生父母。

我曾经做过这样的个案，孙先生一家领养了一个女儿，但是这个女儿到了十几岁开始莫名其妙地叛逆、逃学、开始想要往外跑,连女儿自己也不清楚这是为什么。孙先生以为这只是孩子的逆反心理,其实不是。他们看不见女儿背后的那些动力能量的牵扯。

如果真的领养了孩子,你需要以一种养父母的角色去养育他,意思就是我代替你的父亲和母亲来照顾你,但我不是你的父亲或母亲,你要试着让他们知道他是有自己的父亲和母亲的,但是也有一对很爱他的养父母,孩子们其实是可以接受的。只是我们很多时候觉得不能告诉孩子这个信息,担心他会受不了。但其实如果你不告诉他,他的人生往往会经历更大的挫折和厄运。

第五,隔代养育。

当现有的三口之家和父母住在一起,就会涉及隔代养育的问题。

隔代养育的第一个要点是控制权。父母的观点必须要一致,不能发生冲突。只要父母的观点一发生冲突,其他的冲突都会逐渐产生。例如公公、婆婆开始站在儿子这边,或者站到儿媳妇这边。孩子也会去观察，观察哪一方他更值得依靠，而且他有可能父母两方都不选，而是选择站到他的外公外婆或者爷爷奶奶那边。

第二个要点是，父母要出面解决老人的理念。哪怕他们不认同，你也要告诉他说这是我的孩子，我的孩子我来负责，我是你的孩子，但是你已经成功地养大了我，所以现在轮到我教育我的孩子了，因为你当年并没有用一种完美的方式抚育我，所以我现在要用我的方法抚养我的孩子，因为我是这个孩子的父母。

童年时期是形成观念、信念、行为模式的重要时期，在这个时候，父母是不能把孩子的养育权和控制权交出去的。关于抚养的最终的决定权必须是在父母这里。

第六，没能出生的孩子。

由于某些不可抗力或者人为原因，没有能够把孩子生下来，是一种很常见的情况。我们介绍归属的时候也说过，每一个成员都不允许被排斥，没能出生的孩子就是一个典型的很容易被忽略的家庭成员。因此，堕胎对伴侣关系是有严重影响的，尤其堕胎都是女人在经历，所以经历过的女性通常会对这个男人有一种潜藏的恨。对于堕胎，最好是男方跟女方一起去处理，一起去承担悲伤和痛苦。这样两个人之间的付出跟收取是平衡的。女人经历了很大的痛苦，男人则需要去陪伴，一起去经历。其次，关于被堕胎的孩子，我们需要在内在给予他位置，去接受他。最简单的疗愈方法就是让父母闭上眼睛，想象看见自己的孩子并告诉他说，"你是我的孩子，你没能够被生出来。现在我在我的心里给你留一个位置，我是你的爸爸或妈妈。"这是一种最简单的处理方法。

功课　在孩子面前赞扬你的伴侣。

1. 在孩子面前夸奖、赞扬你的伴侣。

2. 告诉孩子，你对自己的家庭和这段婚姻很满意。

3. 告诉孩子，如果以前和孩子说过自己伴侣的不好，请他能够忽略。

4. 可以和孩子聊聊，让他觉得，你们自己可以照顾好自己。

5. 告诉孩子，他成人后可以为自己的人生做主，哪怕你们是反对的。

本节重点

1. 家庭系统的亲子原则
2. 特殊情况的处理（离婚、单亲、再婚、领养等）
3. 在孩子面前赞扬你的伴侣

来自学员的疑问与成长心得

学员 A：小时候和妈妈吃饭，妈妈总是会沉浸在自己的痛苦中，眉头紧锁，时而摇头，5 岁的我不知道这代表了什么。昨天，和我的孩子一起吃饭，孩子对我说"妈妈您别生气呀！"我回答他："我没有生气啊！"孩子说："那您现在在干吗？"我说我在吃饭，孩子说："那您的脑子现在在干吗？"我突然发现这是一种神奇的轮回，但是奇妙的是，我的孩子没有复制我当初的无助，而是提示我留意当下。我们也许做不到完全改变，但是能比上一代做得有进步就是好事。

学员 B：看完这节的内容我最大的收获是，感知到了父母的不容易,越来越爱自己的父母,尽管我的母亲已经不在了,可是我能感受到爱还在。

第三节
原生家庭与金钱关系

谈到钱，谈到财富，我们就会想钱是怎么来的？很多人认为钱是赚来的，而且需要很辛苦地去赚。实际上，如果我们对金钱的观点始终停留在辛苦，停留在要起早贪黑，那么我们是很难赚到钱的。每天起早贪黑在工地里干活的人和卖早餐、送报纸的人，并不一定很有钱。努力和金钱并不是直接关联的。

金钱也是一种能量，它有它自己的法则。本节的内容就来分析金钱跟原生家庭的关系的法则。

影响一个人金钱关系的，有几大系统原因。

第一，抗拒父母、无法接纳父母，可能会导致自己和金钱的关系很差。

第二，复制了父母的金钱观，有可能携带了他们和金钱之间限制性的信念。

第三，盲目地对父母忠诚，不愿意比父母过得更好。

第四，对苦难的忠诚，反而对金钱会有道义上的谴责。

第五，自己没有力量，没有资格感。

第六，对金钱的不安全感或者滥用。

第七，系统动力的其他的影响。

第一，抗拒父母、无法接纳父母，可能会导致自己和金钱的关系很差。

海林格曾经说，金钱喜欢与父母关系好的人。我们和父亲的关系会影响我们的创造力，进而影响我们的事业。也就是说，我们和母亲的关系会影响我们与金钱的关系。难道是因为母亲真的代表了钱，父亲真的代表了事业？其实并不完全是这样。抗拒父母的人，是不接受或者没有办法完全接受自己的生命和命运的，他们或多或少都在和自己的命运斗争。金钱代表着丰盛，如果一个人不愿意接受自己的生命礼物，那么他的内在是匮乏的。他内在的那些不安全感、焦虑、匮乏并没有完结，也因此他跟丰盛和成功的关系越来越远,所以他会变得更加辛苦。

改善金钱关系的第一点就是要去温习前面几节疗愈和父母关系的功课。

曾经有一个案主,事业非常不顺利,创业很辛苦,很难赚到钱。我问他,你自己打拼得那么辛苦,是想证明给谁看?他愣了很久,然后说他想证明给他的父母看。其实,当你想要证明给一个人看的时候,一方面是因为你的内在并没有完全接受他,你想通过努力来证明自己足够好,证明自己足够可爱。另一方面,因为你想要去证明这些,所以潜意识会让你的所有成功增加难度,赚钱可能并不那么辛苦,但你会让自己把事业、成功、赚钱变得很辛苦。

当你疗愈了和父母的关系,当你接受父母、愿意接受自己生命的礼物的时候,一切也会变得顺利起来。因为你不再想去跟各方斗争,你内在的所有的力量是合一的,是平衡的。

当你能够和父母和解,能够接受他们,你的内在会接纳你做的事。你的内心是顺利的,那么和金钱、和成功的关系也会变好。

第二，复制了父母的金钱观，有可能携带了他们和金钱之间限制性的信念。

无论你是抗拒他，还是爱他，都有可能接受父母的金钱观，并且去复制他们的信念。以下是常见的限制性的金钱观：

1. 觉得钱很匮乏、很稀缺，钱会没有的。

2. 赚钱非常非常辛苦。

3. 赚到的钱总是会失去的。

4. 钱要靠省出来，钱不能乱花，要存着，等到重要的时候再用。

5. 享受是可耻的。

6. 只有努力工作才会有钱。

7. 赚钱很不容易。

……

如果我们已经复制了父母的金钱观，我们应该如何着手解决呢？首先列出父母的金钱观，看看他们对金钱有怎样的观点和判断，或者一些负面的想法。看一看哪些是你也有的，你会发现，你身上很多关于财富金钱的观点都和你父母极其相似。你可以用之前的交还练习,将这金钱观归还给父母。你可以想象你看见你所认同的父亲和母亲:"亲爱的爸爸(或妈妈),这是您对于金钱的匮乏,我带着敬重,把匮乏的能量交还给您。您是您,我是我,我现在可以选择新的信念,也请您支持我。"

然后想象,默念新的信念:"我相信金钱是可以充足的,我可以很轻松、很快乐地赚到足够的钱。"你可以做个深呼吸,去想象新的信念,可以将这个信念存储在你的神经记忆里,存储在你的身体里。

第三,盲目地对父母忠诚,不愿意比父母过得更好。

一方面我们想去追随父母的命运,另一方面我们并不愿意比父母变得更好。因为贫穷和厄运在个人的良知里仿佛显得更加道德,更加清白。对一个人来说,要变得优秀其实是很有压力的,尤其是当父母很贫穷,他们的命运很悲惨的时候。这个时候孩子并不太愿意去变得富有和享受,仿佛和父母一起受苦能让他们的内在更加祥和和放松。哪怕父母是贫穷的,孩子很想努力地出人头地,变得富有,但很有可能孩子的内在仍然承担了父母内心也有的匮乏感。

怎样去处理对父母盲目忠诚的问题呢?你可以想象你看见你的父母,首先还是去做接受与交还的功课。然后想象你看见他们并和他们说:"我可以是富有的,同样可以爱你们,也请你们能够祝福我。"

你的潜意识里面之前有个很深的信念,仿佛富有和幸福,是对贫穷和痛苦的一种背叛。你现在可以想你看见他们并对他们说:"我可以是富有的,我可以是快乐轻松的,同时我仍然可以爱你们、忠诚于你们。我并不需要用贫穷来浪费掉你们给我的生命。亲爱的爸爸妈妈,也请你们能够祝福我。"

第四,对苦难的忠诚,反而对金钱会有道义上的谴责。

很多人本能地认为贫穷和苦难更加正义,仿佛钱不是好东西。这部分的信念大多也来自父母和家族:

1. 钱和道德是违背的。

2. 男人有钱会变坏。

3. 钱生来就是肮脏的。

4. 金钱是罪恶的,是万恶之源。

5. 赚钱是一种剥削。

……

这些信条不仅存在于社会当中,连很多宗教教条里也都宣称金钱是罪恶的。因为金钱容易激发人的欲望,人们容易为了满足自己的欲望做出一些罪恶的行为。因此,通过这种方式让人们远离金钱,排除金钱,做心灵的修行。

我们把金钱和自己对立起来,不去欣赏金钱,那又怎么可能赚到钱呢?你怎么可能经常去和你觉得最肮脏、最罪恶的东西打交道呢?而另外一方面你又很渴望它,很希望能够多赚到钱。这本身就是很滑稽、很冲突的事情。

因此,怎么样去处理这部分呢?那就是要去做忏悔、道歉,去做欣赏的功课。

* 忏悔之前曾经对钱、对财富做下的那些不好的事,包括欺骗、偷盗、滥用,等等。

* 为自己对金钱的错误及片面的见解道歉。

* 欣赏并且感激金钱带来的种种便利和帮助。

第五，自己没有力量，没有资格感。

这类人往往会有如下的感受：

1. 赚钱很难，自己没有能力也没有本事挣钱。

2. 管理金钱很麻烦，赚到一点钱就想尽办法用光。

3. 自己肯定会没有钱，自己肯定会一直贫穷和受苦。

4. 自己没有财运，不配赚到钱。

……

当一个人内在匮乏的时候，他不愿意也不相信自己会变得更好。当他自己不相信自己会变得更好的时候，哪怕他想要富裕，也很难实现。你会看见没有资格感、没有力量的人，通常他们不太愿意接受别人的赞扬，不相信别人的赞扬，别人夸你，虽然你很喜欢，但总觉得这不是真的。这意味着你并不愿意别人给你更多，你怎么能够有钱呢？所以不愿意接受的人，是无法有钱的，因为他的内在觉得自己不够好。

觉得自己内在不够好，就仿佛自己的内在有个空洞，又怎么能够吸引很多的金钱财富到你的身边呢？

你可以试着去享受别人给你的赞扬和贡献、赞美，享受别人为你做的服务，很愉快地去感谢并且接受它。每次当有人赞扬你的时候，你可以试着愉快地感谢他，并且心安理得地接受他，同时告诉你自己，我是值得的，我不需要完美。

第六，对金钱的不安全感或者滥用。

这类人往往会有类似如下的想法：

1. 钱能够买到一切，钱能使鬼推磨，万万不能没有钱，赚钱要不择手段，要囤积很多的钱。

2. 我不快乐是因为我没有钱，有钱了我就能快乐，我就能幸福。

3. 憎恨别人有钱，憎恨那些有钱人。

……

当我们对金钱的一些信念充满了不安全感时，哪怕我们一下暴富，突然有了很多钱，最终还是会失去这些金钱。因为我们和金钱之间没有一个很好的、平衡的能量关系。

第七，系统动力的其他的影响。

当一个家庭为了获得巨额的财富而导致了其他人的损

失,甚至是以他人的生命为代价获得了这些财富时,那么,这些受害者其实也相当于这个家庭的成员。前面几节提到过,和我们有血缘关系的,和我们有伴侣关系的,以及有重大亏欠的或是有生死关系的人都属于我们的系统。如果我们的上一代获得了很多的不义之财,那么集体意识中隐藏的罪恶和亏欠的动力,很有可能会导致后代来做平衡和偿还。俗话说得好,富不过三代,也就是受系统动力的影响。还有句老话叫作"积善之家,必有余庆",就是最好的解释。

还有一种情况。例如上一代的命运很悲惨,后代也可能会不自觉地去追随。这种贫穷的誓约和连接,在我们还没有觉察到的时候,已经贯穿在我们的生命当中了。那么这部分如何处理呢?这时候就需要做系统中交还的练习。

如果你跟金钱的关系特别差,请感觉一下在你的家庭里面,是不是有人命运比较悲惨,看看他是不是贫穷或者生活中充满了不易与坎坷,或者系统中的某些人是不是用了一些不正当的手段积累了大量的钱财。某些人是不是跟金钱的关系不好,大量地挥霍、糟蹋了这些钱。这些都有可能需要后代去平衡、偿还和认同。解决这个问题的方法就是做内在能量的交还。

功课　金钱零极限的家族能量的增强版练习

1. 先专注地念三遍:"我愿意改变,我愿意更新旧的信念。"

2. "金钱,谢谢你。"然后表达你对金钱的感谢。

3. "金钱,对不起,请原谅。"然后表达你对金钱的忏悔。

4. "金钱,我爱你。"然后表达你对金钱的渴望。

5. 向两边张开你的臂膀,感觉自己的家族成员们和自己连接着。说三遍:"我敞开自己,接受世界上所有的财富和幸运。"

6. 深呼吸,感觉你真正有资格接收、可以接收、正在接收新的信念。

本节重点

1. 影响一个人金钱关系的几大系统原因
2. 如何获得更好的金钱关系

3. 金钱零极限功课

来自学员的疑问与成长心得

学员A：我从小就不习惯接受别人的礼物和金钱，即使是老公的钱我也不接受，虽然他的经济条件比我好太多了。虽然在物质上我得到了很多，但内心从没有享受过物质给予我的快乐感。我总有一种不配得的亏欠感。直到我了解了原生家庭与金钱的关系。在最近与老公的一次谈判中，我明确表示了我的需要，老公惊呆了，因为以前我俩谈话时，关于这个话题我一句话都不敢说，他也没有给我说话的权利，我知道现在我赢回了我的资格感和金钱。

学员B：今天感觉幸福真的降临了！因为抗拒父母，所以我也像抗拒父母那样不会轻易接受别人的金钱，在学习和练习了金钱关系之后，我突然赚了一小笔钱！

学员C：前两天开始和父亲做连接，这几天也一直在阅读有关金钱关系和原生家庭的内容，今天刚看完这部分内容,父亲就给我打了电话,说给我十万元做投资,父亲还说这几天找他们谈合作的公司越来越多了!

学员D:在阅读本节内容之前我也有过疑惑,因为我父母视富有为恶,视浪费为耻,我接纳了他们的这些想法,那我还如何与金钱连接呢?读完这个章节后才知道这些都是我的局限而已。

第四部分
自我接纳和欣赏,做自己的内在父母

我们在前面提到过，由于原生家庭存在很多的问题，导致我们内在的需要没有被完全满足。所以，我们总期待有一个人可以无条件地爱我，有一个人可以无条件地保护、赞美、支持我。我们的内在总是期待有一对完美的父母。虽然我们完成了接受父母、接受生命礼物的这些步骤，我们愿意接受父母现在的这个样子，愿意接受他们的不完美，并且把属于他们的命运交还给他们，但这并不代表我们的内在就没有渴望。我们的内在仍然有一种渴望，我们仍然渴望那种满足、安全、被欣赏和被接纳。

那这些需求又如何满足呢？有一部分父母的确小时候给了孩子很多的创伤和暴力，该如何去满足那些从来没有被爱抚过、没有被关心过的内在小孩呢？这些孩童的需求如果不被满足，他们还是会有不安全感，还是会有自卑和愤怒。有些人也许从来没有见过自己的父母，没有跟自己的父母生活过，或者有的人现在还对自己有很多负面的评价、评判，认为自己不够资格，认为自己不够有力量。

那么，如何去改变这一切呢？我们首先需要明白我们的现状是不是一个不可改变的事实。正如我们前面说过的，它不是一种事实，只是一种感知，是一种存在于我们头脑里的意识。经过我们头脑的过滤，这种意识成为一种运算的结果。

你会发现有的父母即使对孩子很好，也得不到孩子的满意，有的父母对孩子打骂，孩子反而很听话。所以，并没有一种绝对的事实，只有最后在你头脑里留下的意识。

如果这个世界上没有一对完美的父母，我们应该做的就只是去臣服和感谢他们。但是，我们的内在小孩的部分，我们的内在需要的部分，我们可以用自己内在父母的方式去改写，我们不需要去改变事实，我们只需要去改变头脑当中的意义和结果。

我们的内在有所谓的内在小孩。内在小孩是指我们童年的那些创伤，那些未完结的情绪和事件，用一个过去年龄的记忆储存着。因此，每当你回想起这样的事件的时候，我们的年龄仿佛也会后退，退回到当年的年龄。

如果你去看不同的人在创伤阶段的表现，会发现他哭泣的声音、讲话的声音、他的肢体动作、他的表情，很多时候也是停留在童年时期受到创伤的年纪。因为神经记忆还停留在那个年纪。

我们在不同时期受到了创伤、惊吓,导致我们的神经记忆在当时被卡住了。同时,那个时候所形成的限制性的信念和情绪模式也随之被卡住了、被固定住了。我们的内在其实会有很多内在小孩,因为每个人曾经受到的创伤也不止一个。因此,我们内在住着不同年纪的内在小孩,就像过去一个一个深刻的记忆片段一样。

当这些内在小孩的创伤没有被完全清理的时候,成年后仍然会携带着同样的模式,比如说当你被情绪淹没后,所有你不想要的旧模式还会浮现出来,他们可能是暴怒、沮丧、放弃、委屈、垮塌、悲伤。

虽然我们做了许多接受父母的功课,但并不代表我们的疗愈已经完成了,我们还需要去做很多的处理、陪伴与整合。给自己的过去做一个个案处理,我们需要去看见、接纳并且整合它们。

但疗愈并不是所有问题的关键,我们的内在还有一部分资源,有力量的一部分。在NLP的前提假设中,每个人都拥有成功和丰盛的资源,因此,每个人都可以改变自己的状态，除了你以外，没有人能限制你去改变自己的状态。因此，如果你真正想要改变，不需要外界的认同和加持，也不需要外界的允许和证明。

你曾经苦苦追求别人的认同，只是为了让你自己更加确认你可以，你可以信任自己，你可以去爱自己。

我们需要明白，哪怕是我们在做疗愈，也不需要通过向外在苦苦追求来疗愈。我们不需要再去找到一个完美的人来认同我、来爱我。相反，我们的内在本来就是本性自足的，本来就是有奇迹的，本来就是完整的。我们每个人的内在都可以提供资源，都有充满力量的部分，也包含了我们正在寻找的关于爱和安全感的资源，我们把这一部分叫作我们的内在父母。我们的内在有创伤的那一部分，我们把它叫作内在小孩。

我们的内在本来就充满力量，本来就没有缺憾，本来就拥有一切的状态，我们把它形象地称为内在父母。内在父母跟我们生活当中真正的父母是没有关系的。因此，无论父母曾经是好还是不好，都没有关系，我们都以他们本来的样子接受他们。同时，我们都拥有一个强大的内在的空间，它可以给我们提供疗愈,我们把它称为内在父母。无论你给它取什么名字,它总是在那里。它是我们最真实的一部分,它超越了我们现在的判断,并且告诉了我们自己到底是谁。

我们并不是过去的记忆,我们也不是感受本身,我们更不是自己所固有的思想,甚至也不是我们的身体。我们拥有了记忆,拥有了感受,拥有了思想,拥有了现在身体。但这些并不是真正的我们,我们每时每刻都经历着一些事情,我们是一个纯粹的生命个体。

当我们看见并找到自己的内在父母的时候,便能够去脱离曾经的那些经历和记忆所束缚的那个我,也就是小我。这个内在父母可以被定义为我们从更深层次和自我进行连接,并体验到的内在空间,也就是我们的本质。

这个本质超越了我们的记忆、经历和我们的童年故事。它在这一切的背后,我们需要给予自己力量,去改变这些经历给我们造成的意义。我们需要去重新经历这些记忆,重新经历这些神经记忆,经历这个过程,然后为自己写下新的"代码"。

一、用内在父母来自我整合。

首先，介绍一下如何用内在父母的方式和概念来做自我的整合。

第一步，我们可以先找到自己内在小孩的状态，写出几个描述性的关键词。

可以找一张A4纸，画出自己内在小孩的状态。这个画并不一定是一幅具象的画，可以是抽象的，甚至可以用你平常不惯用的手去画，这是一种感觉。你先回到内在小孩的状态，那种创伤的状态，那种无力的、受伤的、感觉需要保护、感觉自己不够好的状态，然后把这种状态无意识地画在白纸上，给出几个描述的关键词，比如：担心、害怕批评、没有力量，等等。

第二步，找到你渴望的内在父母的品质。

先把刚才的那段经历放在一边，你可以问自己，如果想要变得更好，我需要变得更加有力量，同时我需要一对完美的内在父母来支持我，他们应该具有怎样的品质呢？你可以给出几个描述的关键词，有可能是：极其阳光、有力量、包容、爱、智慧，等等。

再找一张 A4 纸,在上面画出你内在父母的这种状态。这幅画并不需要是一张具象的图、一张人脸,而是根据你的感受,本能地去画出这种状态。有可能是一条线,有可能是一些点,有可能是一些图,有可能是人,有可能是太阳,无论是什么都没有关系。同时,你可以站在这张代表内在父母的纸上去感受一下。如果你真正地活出了带有内在父母的品质的状态,你会变得怎样呢?

第三步,将两张纸叠放,并且站在纸上。

去想象原来的内在小孩在一个内在父母的保护下,会发生怎样的蜕变?会得到怎样的爱的滋养?去看见自己的内在小孩如何被疗愈,如何在变化。前面的三步都是你需要用整个身体去体验的。

我们的记忆储存在身体的细胞里。我们用内在父母的方式帮助身体去疗愈,疗愈它曾经的那些限制。我们必须很放松地用身体去感知它,感知自己的内在小孩如何被疗愈,如何变化,同时可以做深呼吸,让这种新的体验能够储存下来。

第四步,可以去画一幅新的图,代表你自己更好的状态。

在这种状态里面,你有怎样独特的品质呢?你有可能是自信、阳光、有吸引力、感恩、快乐、享受一切、享受生活的。当你有了这些关键词,通过你的本能,无意识地画出一幅图,可以是彩色的。如果你觉得这幅图给你带来了滋养的话,可以把它悬挂起来。每天起床后和睡觉前,你都可以去看这幅全新的图。这就是你的内在小孩被你的内在父母疗愈了以后,更加有力量的状态的图。

二、欣赏和感谢自己。

欣赏有着巨大的力量。我们需要依赖大量的肯定,来肯定自己的意义和价值。那么,做欣赏和肯定功课的时候,你必须或者最好完成了前面所有实践的功课,你已经接受了父母、接受了生命的礼物,做了交还,同时也连接了自己的内在父母,然后来做欣赏和感谢自己的功课。

你可以每天看着镜子当中的自己,每天给予自己一百个欣赏和感谢:

1. 我欣赏你的坚持。

2. 我欣赏你活了下来。

3. 我感谢你奋斗和努力。

4. 我感谢你坚强和坚持。

……

哪怕你没话可说，你也可以看着镜子当中的自己说："谢谢你，我很欣赏你，我开始欣赏你，我喜欢你，你很可爱，你很诚实，你很幽默，你很棒，我很喜欢你。"你需要每天发自内心地给自己一百个欣赏。人越被夸奖越容易进步。这个欣赏和夸奖对你而言也是一种挑战，它并不只是动动嘴巴那么简单，而是要发自你的内心，想象你的心里充满了那种赞美、感恩的能量，然后让这些句子顺利地流淌出来。

你是借由这些欣赏和感激自己的句子，让自己变得更加有力量，更加纯粹的，欣赏和感激能够超越曾经的一些创伤所带来的印记和束缚。为什么这种方式能起作用呢？因为前面讲过，我们头脑里储存的一切，本身就不是事实，它只是头脑过滤、抓取和形成的记忆和信念而已。不同的人哪怕在相同的情况下，都会产生截然相反的记忆。因此，我们需要去做自己的内在父母，用最好的方式，去改变我们曾经的限制和创伤。

三、决定你想成为一个怎样的人，为自己选择新的身份。

身份就是你决定你成为一个怎样的人，你要怎样定义自己？当你找到了自己的身份以后，你需要用的语言是"决定"，而不是"想要"。比如你说："我想要成为一个勇敢的人。"说明你现在还是个懦夫，你只是"想要"而已。你要说："我决定成为一个勇敢的人。"说明你是主人，你有决定这件事的权利。我们能够决定自己的未来想要变成怎样，可以用一个隐喻、一个象征来比喻我决定成为的人，比如：

1. 钻石。

2. 老虎。

3. 一片云。

4. 一束光。

5. 太阳。

……

为什么用这种隐喻和比喻呢？因为这些隐喻和比喻里面

隐藏了很多非逻辑性的信息。一个比喻对我们的头脑而言是超越逻辑的，更容易用这张具象的画面，用这种能量来带动我们。

因此，你把这些功课串联起来，可以怎么做呢？

1. 找到你自己内在小孩的状态，找到代表内在小孩的关键词。

2. 给你的内在小孩画一幅画。

3. 站在这张纸上去感知它。

4. 找到你希望的、渴望的、完美的、充满爱和包容、自由的那个内在父母。

5. 写下这些关键词，然后画一幅画，来代表内在父母的状态。

6. 站在纸上去经历内在父母那种绝对的宽容、阳光的状态，将这种状态从他们自己的内在散发出来。

7. 把这两张纸叠在一起，站在这两张纸上，去感知你的内父母在如何疗愈你的内在小孩，帮助他成长，帮助他渡过困境，给他一些关心的语言，同时可以想象用隐喻的方式、能量的方式给予他疗愈。

8.你可以给自己每天去做很多的赞美、肯定、鼓励、欣赏，让自己的内在更有力量。同时，当你觉得足够的时候，为自己做决定，从现在开始，我决定成为一个怎样的人，比如我决定成为一个充满力量的、自信的人，我决定成为一个对自己负责的人，我决定成为一个知行合一的人。

9.找到这种身份带来的隐喻，找到一幅图片来代表你的身份，代表你的内在父母的状态，把它固定下来，也可以做成一个画框上面加上一两句能够给你力量的句子的形式。

如果你不再苦苦地去挖掘自己过去的历史，而是相信你的内在本来就是丰盛的，本来是可以疗愈的，本来就是可以超越疗愈、超越你原生家庭的经历的，如果你持续地去做这样的功课，我相信只要不久，你就会发现你已经是一个全新的自己了。

这个时候，你已经超越了曾经的头脑的那些记忆，你已经开始给你自己的人生做了新的编码、新的设定。这个时候的你是自己的主人。

本节重点

1. 内在小孩和内在父母的概念
2. 用内在父母来自我整合
3. 学会自我接纳和欣赏,做最好的自己

来自学员的疑问和成长心得

学员A:不知道是不是最近跟孩子和丈夫做了比较深入且良好的沟通,通过一些法则,确实感觉轻松了很多,有种回到自己孩童时代的轻松感和愉悦感!

学员B:通过这几节的学习,我恍然大悟,以前也知道要接受父母,知道人生的剧情都是自己选择的,但理智上是知道,很多时候还是敌不过情绪上的创伤以及卡顿。曾经我很灰心,觉得我的命运就是这样了。可是读完这本书后,我的内在确实发生了变化,我真心地臣服于我的命运,我愿意接受我父母原本的样子,我也感受到了父母家族背后的力量与传递,我也变得更加爱我自己。

学员C：最后一节的内容让我有了更多的接纳和平静。

学员D：我突然能够放下自己几十年的心结，全然为自己而活，我感觉全身的力量开始流动了。

学员E：我找回了自己内在的力量，也原谅了母亲，心情比以前好了很多！希望能逐渐释放掉捆绑自己多年的情绪问题。

学员F：我曾经有一点抑郁，经常自我询问活着的意义，就算看见自己的孩子都提不起精神来，这本书的内容让我的内心更加积极、快乐。我能感觉到爱流动在我的周围，包括生活上和工作上，我都相信这是最好的安排。现在我学会了感谢自己的细腻与敏感，让我更好地体验到了生活。

学员G：我梦到了年轻时候的父母，我竟然意外地发现我是如此爱我的父母，从第一天的课程中我找回了快乐的自己，我变得每天都很开心，和同事的关系也变得更好，为人处世也更坚定,谢谢老师,也感恩大家。童年时期记忆最深刻的事情就是父母带我去放风筝,现在的我仿佛变成了那个自由的风筝,自在地翱翔在天空中,我重新发现了生命的美好,不同的是,这次的风筝线握在了我自己的手中!

学员H:之前对于原生家庭的概念仅限于父母,而忽视了他们也有他们自己的原生家庭和成长环境,我们应该将他们放在家族谱系图的庞大系统中客观地看待,这样就不会对他们的所作所为耿耿于怀。以前我对我的母亲有许多的不满和不接纳,现在我学会了去欣赏她,看到她的优点和对我的爱。现在,我的内心充满了感恩。

作者介绍：

卢熠翎

- 张德芬空间合伙人、CEO
- 中国心理卫生协会妇女健康与发展专业委员会委员
- SRI 自我整合体系创始人
- NLP 导师、系统排列导师、科学催眠师、心理咨询师
- 工学硕士、工商管理硕士

图书在版编目（CIP）数据

与生命和解 / 卢熠翎著 . -- 北京：中国青年出版社，2019.7（2024.9重印）

ISBN 978-7-5153-5705-8

Ⅰ.①与… Ⅱ.①卢… Ⅲ.①心理咨询 Ⅳ.① B849.1

中国版本图书馆CIP数据核字（2019）第 148442 号

版权所有，翻印必究

与生命和解

作　　者：卢熠翎
责任编辑：吕娜　王超群
插画作者：stano
书籍设计：瞿中华
出版发行：中国青年出版社
社　　址：北京市东城区东四十二条 21 号
网　　址：www.cyp.com.cn
经　　销：新华书店
印　　刷：三河市万龙印装有限公司
规　　格：787mm×1092mm　1/32
印　　张：10
字　　数：160 千字
版　　次：2021 年 4 月北京第 2 版
印　　次：2024 年 9 月河北第 4 次印刷
定　　价：69.90 元
如有印装质量问题，请凭购书发票与质检部联系调换
联系电话：010-57350337